Hermann Scherer
Denken ist dumm

HERMANN SCHERER

Denken ist dumm

Wie Sie trotzdem klug handeln

GABAL

Unter Mitarbeit von
Sinnschmiede Christian Weller, Hamburg

Bibliografische Information der Deutschen Nationalbibliothek

Die Deutsche Nationalbibliothek verzeichnet diese Publikation in der Deutschen Nationalbibliografie; detaillierte bibliografische Daten sind im Internet über http://dnb.d-nb.de abrufbar.

ISBN 978-3-86936-384-4

Lektorat: Anke Schild, Hamburg
Umschlaggestaltung: Martin Zech Design, Bremen | www.martinzech.de
Satz und Layout: Das Herstellungsbüro, Hamburg | www.buch-herstellungsbuero.de
Illustrationen: Verena Lorenz, München | www.verena-lorenz.de
Druck und Bindung: Salzland Druck, Staßfurt

2. Auflage 2012

www.gabal-verlag.de
www.twitter.com/gabalbuecher
www.facebook.com/Gabalbuecher

Inhalt

Anhang 165

Teil 1

Auf der Suche nach dem blinden Fleck

Münsterberg-Täuschung: parallel laufende oder gebogene Linien?

Münsterberg-Täuschung

Die waagerechten Linien sind parallel, wirken jedoch infolge der Anordnung der schwarz-weißen Quadrate gebogen. Diese Täuschung wurde 1874 von dem Deutschamerikaner Hugo Münsterberg (1863–1916) entdeckt, einem der Begründer der angewandten Psychologie. Populär wurde sie in den 1970er-Jahren unter dem Namen Kaffeehaus-Täuschung durch den britischen Psychologen Richard Gregory (1923–2010), der das Muster auf der Kachelwand eines Cafés fand.

Geisterschiffe und Gorillas im Nebel

Scott Waddle, Kommandant des Atom-U-Bootes *USS Greeneville,* befand sich am 9. Februar 2001 vor der Küste von Hawaii. Am Ufer standen zahllose neugierige Beobachter. Die *Greeneville* sollte auftauchen, Waddle suchte die Umgebung mit dem Periskop ab und übersah das Naheliegende, den 58 Meter langen Trawler *Ehime Maru*. Zehn Minuten nach der folgenden Kollision sank das japanische Schulungsschiff.

»Alles, was wir wahrnehmen, ist die Folge einer Interpretation durch das Gehirn«, meint Heinrich Bülthoff, Direktor am Max-Planck-Institut für biologische Kybernetik in Tübingen. Die Spannbreite unseres Denkens und Handelns ist durch das begrenzt, was wir nicht bemerken. Und da wir nicht merken, dass wir es nicht bemerken, können wir scheinbar wenig tun, um uns zu ändern. In dieser vertrackten Situation soll das vorliegende Buch mit ganz konkreten Praxisbeispielen Abhilfe schaffen. Es wird Ihnen helfen, bewusster und zielsicher durch den Alltag zu navigieren – und den blinden Fleck immer mit auf der Rechnung zu haben.

»Passen Sie gut auf und zählen Sie die Pässe des weißen Teams!« Mit dieser Anweisung führe ich in meinen Vorträgen den Teilnehmern einen 23 Sekunden langen Film vor, der von Daniel Simons und seinem Team von der University of Illinois in Urbana-Champaign konzipiert wurde. Darauf sind je drei Spieler in schwarzen und weißen Trikots zu sehen, die sich einen Basketball zuwerfen. Meine Teilnehmer zählen immer brav und nennen am Ende das Ergebnis. Doch darum geht es nicht. Auf meine Frage, ob ihnen auch etwas Ungewöhnliches aufgefallen sei, geben weit über 90 Prozent der Teilnehmer ein Nein zu Protokoll. Darauf lasse ich den Film erneut laufen, diesmal ohne die Zählaufgabe. Nun sehen alle den Gorilla beziehungsweise den Fan im Affenkostüm, der seelenruhig an den Spielern vorbeitrottet, sich auf halbem Wege dem Betrachter zuwendet, mit den Händen auf die Brust trommelt und weiterbummelt –

fünf Sekunden lang. Die Analysen der Hochschule zeigen: Die »blinden Beobachter« hatten die Figur eine Sekunde direkt angeschaut und sie doch nicht wahrgenommen.

Die Vorstellung, dass es wichtige Dinge gibt, die sie nicht sehen, obwohl sie ihnen direkt vor Augen stehen, erschreckt viele Menschen. Und gleichzeitig ist uns das aus der alltäglichen Lebenserfahrung vertraut. Wir sehen den Wald vor lauter Bäumen nicht, suchen die Brille, die auf unserer Nase sitzt. Der klassische Fall ist, dass dem Ehemann die neue Frisur seiner Partnerin nicht auffällt. Weniger witzig ist es, wenn sie die Scheidung einreicht, weil er nicht mitbekommen hat, dass sie seit Jahren vergeblich versucht hat, über ihre Unzufriedenheit zu reden.

Ein Trick verdeutlicht, wie wenig wir sehen: Wir können sogar einen Daumen verschwinden lassen. Strecken Sie ihre Arme vor sich aus, die Daumen nach oben. Jetzt ein Auge schließen und mit dem anderen den Nagel des gegenüberliegenden Daumens fixieren. Diesen still halten, den anderen darauf zubewegen. Wenn Sie einen bestimmten Winkel erreicht haben, verschwindet der bewegte Daumen im Hintergrund, zum Beispiel der Tapete. Die gerade Linie vom Finger ins Auge endet nun im blinden Fleck.

Entdeckt wurde der blinde Fleck erst in der Mitte des 17. Jahrhunderts. Millionen von Jahren ist er unseren Vorfahren verborgen geblieben und im Alltagserleben ist das auch immer noch so. Wir sehen nicht, dass wir nichts sehen, beschrieb der Physiker und Philosoph Heinz von Foerster diesen Sachverhalt. Der blinde Fleck heißt so, weil das Gehirn von dort keine Informationen aus der Netzhaut erhält. Die Fasern des Sehnervs verlassen hier das Auge, und für Sehzellen ist kein Platz. Der Mensch sieht aber kein Loch, das Gehirn ergänzt die fehlenden Daten zu einem ungestörten Seherlebnis. Nur manchmal baut es dabei eben Fehler ein …

Täuschungen und Enttäuschungen

Wer kennt sie nicht, die verblüffenden Illusionsbilder mit den optischen Täuschungen: Da scheinen – wie in dem Beispiel auf Seite 9 in diesem Buch – die Linien krumm und schief zu sein. Wenn wir aber nachmessen, stellen wir fest, dass alle Linien exakt parallel laufen. Das Schöne an optischen Täuschungen ist, dass wir den Fehler mit einem Lineal einfach aufdecken und demonstrieren können. Es wird unmittelbar klar: Unsere Augen haben uns getäuscht. Verblüffend ist, dass unser Sehsinn der Täuschung erneut verfällt, sobald wir das Lineal zur Seite legen. Man könnte meinen, wir hätten in der letzten Minute nichts gelernt. Es ist praktisch unmöglich, den Eindruck herzustellen, dass die Linien parallel laufen. Unsere Intuition täuscht uns immer wieder aufs Neue – obwohl wir es eigentlich besser wissen.

Nun gehört das Sehen zu den Dingen, die wir am besten können. Ein bedeutender Teil unseres Gehirns ist für das Sehen reserviert, mehr graue Zellen als für irgendeine andere Tätigkeit. Aber wenn uns beim Sehen, einer Tätigkeit, in der wir so gut sind, derart gravierende Fehler unterlaufen, wie hoch ist dann die Wahrscheinlichkeit, dass wir bei Dingen, in denen wir nicht so gut sind, noch weiter danebenliegen? Bei etwas, wozu wir keine evolutionäre Anlage haben, keinen spezialisierten Bereich im Gehirn, beispielsweise bei Finanzentscheidungen? Auf diesen Gebieten ist es ziemlich wahrscheinlich, dass wir viel mehr Fehler machen, als wir denken – und dass wir diese nicht einmal bemerken. Im Vergleich zu optischen Täuschungen lassen sich kognitive Täuschungen viel schwerer aufdecken. Deshalb schauen wir uns in diesem Buch einige Entscheidungsfindungsillusionen an. Fachleute bezeichnen sie als kognitive Verzerrungen.

Nur ungefähr ein Drittel der Firmen, die 1970 unter den Top Fortune 500 gelistet wurden, existieren heute noch als unabhängige Unternehmen. Der Unternehmensberater Tom Peters hat 1982 in seinem Buch *Auf der Suche nach Spitzenleistungen* 43 exzellente amerikanische Firmen beschrieben. Knapp fünf Jahre später verdiente nur noch ein Drittel von ihnen diese Auszeichnung. Die Mehrzahl der hochgelobten Unternehmen hatte ihre beispiellose Beispielhaftigkeit verloren, zwei Drittel der ursprünglichen Musterfirmen waren als Branchenführer entthront. Jeden Tag finden wir in der Presse Meldungen von ehemals mächtigen Unternehmen, die ihre Vorherrschaft verloren haben – Unternehmen, die entweder durch Mitbewerber überrascht wurden, die die Entwicklung des Marktes und offensichtliche Warnsignale ignoriert haben oder die durch gravierende Fehlentscheidungen Schaden genommen haben.

Der Buchmarkt ist geradezu überschwemmt mit Ratgebern, die Entscheidungshilfen, Erfolgsstrategien und zur Nachahmung empfohlene Modelle präsentieren. Dieses Buch geht einen anderen Weg: Ich lade Sie ein zum persönlichen Check. Erleben Sie selbst, wie Ihr Denken funktioniert! Anhand von optischen und anderen Täuschungen, Denksportaufgaben und anschaulichen Beispielen aus der Forschungspraxis können Sie Ihre Entscheidungskompetenz quasi nebenbei überprüfen. Und ich verspreche Ihnen: Spaß werden Sie dabei auch haben.

Baseballschläger, Seerosen und Spielzeugautos

Im Jahr 2002 ging der Nobelpreis für Wirtschaftswissenschaften an Daniel Kahneman und Vernon L. Smith. Kahneman wurde dafür ausgezeichnet, Wirtschaftswissenschaft und Psychologie erfolgreich verknüpft zu haben. Lange Zeit waren die Erforschung der Ökonomie und die Erforschung des menschlichen Verhaltens zwei völlig getrennte Welten gewesen. Die Wirtschaftswissenschaftler gingen vom Idealtypus des Homo oeconomicus aus, der Entscheidungen aufgrund von objektiven Kosten-Nutzen-Analysen fällt. Die Psychologen auf der anderen Seite betonten den emotionalen und irrationalen Charakter des Menschen. Daniel Kahneman und der 1996 verstorbene Amos Tversky hatten seit Ende der 1960er-Jahre empirisch untersucht, wie Entscheidungsprozesse tatsächlich ablaufen. Die getrennten Welten sind – nicht zuletzt durch ihre Forschungen – zusammengewachsen. In seiner Nobelpreisrede stellte Kahneman zur Einleitung die folgende einfache Frage:

**Ein Baseballschläger und ein Ball kosten zusammen 1,10 Euro.
Der Schläger kostet einen Euro mehr als der Ball.
Wie teuer ist der Ball?**

Einfach, oder? Fast alle, denen diese Frage gestellt wurde, antworteten sofort und intuitiv, dass der Ball zehn Cent kostet. Das gilt auch für den Großteil der Studenten an den Eliteuniversitäten Princeton und Harvard. Fast alle gaben diese Antwort. Aber: Diese Antwort ist falsch. Tatsächlich kostet der Ball nur fünf Cent. Wären es zehn Cent, ergäbe sich für den Schläger ein Preis von 1,10 Euro, denn der kostet ja einen Euro mehr als der Ball. Die Gesamtsumme wäre dann 1,20 und nicht 1,10 Euro. Irgendetwas in unserem Gehirn hat dazu geführt, dass wir intuitiv eine falsche Antwort auf diese scheinbar so einfache Frage geben.

Shane Frederick, Professor am MIT und in Yale, hat diese Frage mit den beiden folgenden zu einem Cognition-Reflection-Test zusammengestellt und von 3500 Studenten beantworten lassen.

In einem See wachsen Seerosen. Jeden Tag verdoppelt sich die Fläche, die die Seerosen bedecken. Nach 48 Tagen verschwindet die Wasseroberfläche vollständig unter dem Seerosenteppich. Wie lange dauerte es, bis die Seerosen den See zur Hälfte bedeckten?

Lösung: Siebenundvierzig Tage

Wir können exponentielles Wachstum, um das es bei dem Seerosenproblem geht, nicht sonderlich gut abschätzen. Dafür sind Menschen aber Meister im Extrapolieren gleichförmiger Prozesse: Wenn wir sehen, wie weit sich ein Auto in einer Sekunde auf uns zubewegt hat, können wir gut einschätzen, ob wir es noch rechtzeitig über die Straße schaffen.

Wenn fünf Maschinen in fünf Minuten fünf Spielzeugautos herstellen, wie lange brauchen 100 Maschinen, um 100 Spielzeugautos zu produzieren?

Lösung: Fünf Minuten

Diese drei Fragen sind tückisch. Nur 17 Prozent der Probanden konnten sie alle drei richtig beantworten, und dabei handelte es sich überwiegend um Studenten amerikanischer Eliteuniversitäten. Jeder Dritte lag sogar bei allen drei Fragen falsch. Entscheidend für den Erfolg war nicht die mathematische Begabung der Studenten, sondern ihre Fähigkeit, intuitive Antworten kritisch zu hinterfragen. Diese Eigenschaft hatte auch Auswirkungen auf andere Kompetenzen: Studenten, die alle drei Fragen richtig beantwortet hatten, schnitten auch in der Einschätzung von Risiken und in Intelligenztests besser ab als ihre Kommilitonen.

Vom Blindflug zur Punktlandung

Um nachzuvollziehen, wie uns subtile Vorgänge unterschwellig beeinflussen, hier eine einfache Aufgabe. Bitte beantworten Sie zügig die folgenden Fragen:

Welche Farbe hat ein Arztkittel?
Welche Farbe hat Schnee?
Welche Farbe hat ein Eisbär?
Was trinkt die Kuh?

Die meisten Menschen antworten auf die letzte Frage spontan: Milch. Natürlich wissen wir, dass die Kuh keine Milch trinkt, sondern Wasser. Aber die Antwort war durch die vorangehenden Fragen bereits angebahnt und im inneren Autopiloten aktiviert.

Wer in der Lage ist, einen Schritt zurückzutreten und seine spontanen Entscheidungen zu hinterfragen, wird Aufgaben wie diese leichter lösen. Diese Fähigkeit wird in Intelligenztests nicht gemessen, aber Forscher wie der Psychologieprofessor Dan Ariely oder der kanadische Psychologe Keith Stanovich halten sie für mindestens ebenso wichtig wie die klassische Intelligenz. Die meisten Menschen sind »kognitive Geizhälse«: Wir wählen die Lösung, die uns zuerst in den Sinn kommt. Verschiedene Möglichkeiten erwägen wir meist nur widerwillig. Die gute Nachricht: Mit ein wenig Übung lässt sich die eigene Entscheidungskompetenz verbessern.

Viele der schlimmsten Fehlentscheidungen resultieren aus der Unfähigkeit, mehr als einen Schritt im Voraus zu denken. Im Schach und im Leben tendieren die Ein-Schritt-Spieler dazu, das Spiel an jene Konkurrenten zu verlieren, die vorausdenken. Denn die Behebung eines isolierten unmittelbaren Problems führt nicht selten zu neuen – und manchmal schlimmeren – Problemen.

Die Gegenmaßnahme ist denkbar simpel. Stellen Sie die einfachen Fragen:

- Was passiert als Nächstes?
- Was passiert als Übernächstes?
- Was passiert als Überübernächstes?

Auf diese Weise erweitern Sie den Horizont Ihres Handlungsraums. Ein wichtiges Erfolgskriterium für Führungskräfte ist das Potenzial, in Konsequenzen zu denken. Die Spieltheorie und das systemische Denken ermuntern uns, diese Fragen zur festen Gewohnheit zu machen.

Kritisches Denken ist Nachdenken über das *business of thinking*, das Denken über das Denken, wie wir als Menschen eben nun mal denken. Die meisten unserer Gedanken laufen automatisch ab. Kritisches Denken dagegen ist kontrolliert und systematisch. Es ist der Schlüssel für unsere Weiterentwicklung. Und den Gebrauch dieses analytischen Instrumentariums trainieren wir am besten im ganz profanen Alltag. Immer und überall. Dann haben wir das entsprechende Werkzeug auch zur Hand, wenn es um weichenstellende Entscheidungen geht.

In den vergangenen drei Jahrzehnten hat eine wachsende Zahl empirischer Untersuchungen die Vermutung bestätigt, dass die meisten Menschen in der Regel weder ausgesprochen rational noch objektiv sind. Eine Erkenntnis, die den meisten aufgrund ihrer persönlichen Lebenserfahrung unmittelbar einleuchten wird. Die Forschungsergebnisse haben jedoch auch Phänomene zutage gefördert, die im blinden Fleck unserer Wahrnehmung gelegen haben: Unser Urteilsvermögen tendiert dazu, systematisch fehlerhaft zu sein – und zwar auf eine vorhersehbare Weise. Der Mensch ist vorhersagbar irrational. Wir sind schon von vermeintlich einfachen Entscheidungen überfordert. Das Alarmierende: Wir ahnen in der Regel nichts davon. Während wir glauben, rational zu entscheiden und zu handeln, sind in unserem Kopf unbewusste Prozesse am Werk, die zu ganz eigenen Schlüssen kommen.

Versuchskaninchen in der Poleposition

Seit gut 100 Jahren steht das menschliche Problemlösen auf dem Prüfstand (das von Tieren übrigens auch). Seit den 1960er-Jahren hat eine Fülle ausgefeilter empirischer Untersuchungen die wichtigsten Mechanismen unserer Entscheidungen offengelegt. Eigene Forschungsbereiche widmen sich dem Verhalten von Politikern, Pädagogen und Wissenschaftlern, von Kunden und Managern. Seit den 1980er-Jahren wird mithilfe von Simulationen getestet, wie wir mit komplexen Problemen umgehen.

In den vergangenen zehn Jahren hat die Forschung mehr über das Gehirn und seine Funktionsweise herausgefunden als in den Jahrhunderten zuvor. Von den letzten 15 Nobelpreisen in Medizin sind elf Neurowissenschaftlern zugesprochen worden. Allein zwischen 1990 und 2000 wurde in den USA fast eine Milliarde US-Dollar in die Hirnforschung investiert. Mit dem so gewonnenen Wissen der Hirnforschung, der Psychologie und angrenzender Gebiete, etwa der Neuroökonomie, ist es erstmals möglich, viele unbewusst ablaufende Mechanismen unseres Denkens abzubilden und auf ein objektiviertes, analytisches Fundament zu stellen.

Auf welche Weise unbewusste Abkürzungen, das Schalten auf Autopilot, Denkfallen und Wahrnehmungstäuschungen uns in die Irre führen, können Sie im Folgenden an praktischen Experimenten und Aufgaben selbst nachprüfen. Auf den ersten Blick erscheinen die klassischen Versuche von Verhaltens- und Kognitionsforschern sehr simpel. Aber die Mehrheit der Testpersonen hatte große Schwierigkeiten, auf die richtige Lösung zu kommen. Der Grund ist nicht mangelnde Intelligenz, sondern die Struktur der Aufgaben: Sie sind häufig so angelegt, dass die üblichen Strategien, mit denen unser Gehirn Probleme angeht, nicht weiterhelfen.

Die folgenden fünf Teile des Buches geben einen fundierten, aber zugleich auch unterhaltsamen Einblick in typische kognitive Täuschungen des Alltags, klassische Denkfehler, unseren Umgang mit Gewinn und Verlust, mit Zahlen und Wahrscheinlichkeiten sowie mit komplexen Systemen (also ganz normaler Realität). Jeder Teil besteht aus einigen kurzen Kapiteln, die geeignet sind, Ihre Vorstellungen von menschlicher Rationalität gehörig durcheinanderzuwirbeln; am Ende jedes Teils wird ein größerer Bogen gespannt, der die teilweise verblüffenden Befunde in einen orientierenden Rahmen stellt. Sie werden sehen: Es ist in jedem Fall hilfreich, sich der Fehlbarkeit der eigenen Intuition bewusst zu sein. Wer Mechanismen seines inneren Autopiloten kennt und die Grenzen des eigenen Wissens realistisch einschätzt, kann seine Entscheidungskompetenz massiv verbessern.

Teil 2

Im Alltagstrott am Steuer: der Autopilot

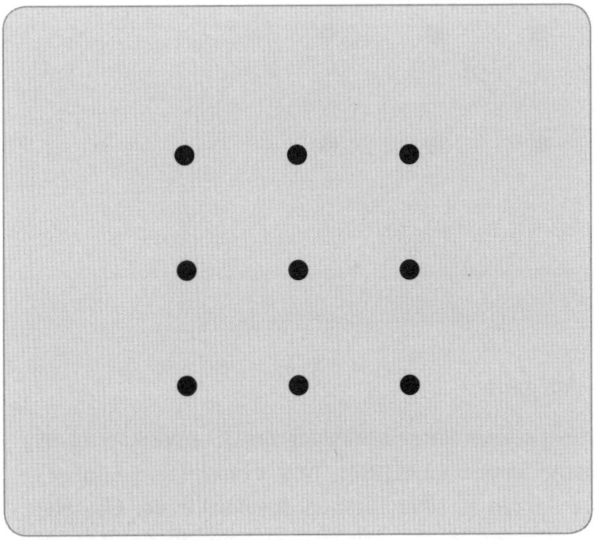

Neun-Punkte-Aufgabe: Verbinden Sie alle neun Punkte mit vier geraden Strichen, ohne abzusetzen und ohne eine Strecke doppelt zu nutzen!

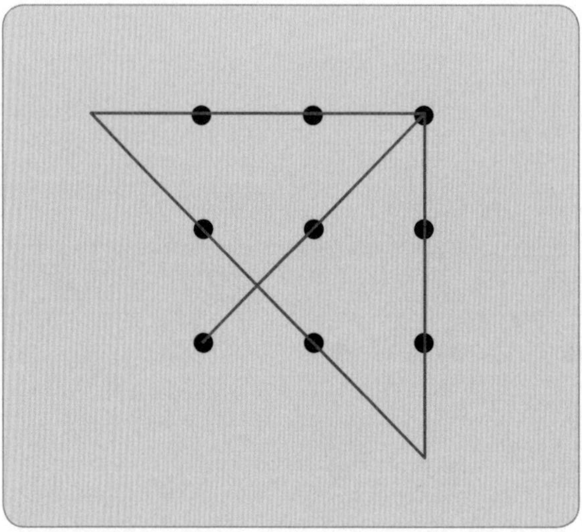

Neun-Punkte-Aufgabe

Erstmals publiziert in einer Rätselsammlung des US-amerikanischen Schachspezialisten Samuel Loyd (1841–1911), avancierte die Aufgabe in den 1920er-Jahren zu einem Standardbeispiel in der Gestaltpsychologie: Das Raster der Problemstellung kann die Sichtweise verengen. Erst wenn man sich vom scheinbar naheliegenden Verbinden der Punkte löst und den Rahmen weiter fasst, findet man die optimale Lösung!

Anker und Glücksrad

Eine Computerfirma im Großraum Hamburg hat gerade einen jungen Ingenieur eingestellt. Er bringt vier Jahre Berufserfahrung und gute allgemeine Qualifikationen mit. Sie fragen eine Mitarbeiterin (die sehr wenig über diesen Berufs- und Industriezweig weiß), wie hoch das Anfangsgehalt dieses Kollegen sein mag, und sie schätzt, dass das jährliche Gehalt bei 23.000 Euro liegt. Wie hoch liegt Ihre eigene Schätzung?

Lösung: Bei dieser Frage geht es nicht darum, was Sie konkret schätzen, sondern darum, wie stark die verankerte Information Sie beeinflusst.

Die Reihenfolge, in der wir Informationen erhalten, kann unser Urteilsvermögen beeinträchtigen. Der sogenannte Ankereffekt, also die numerische Einschätzung aufgrund einer vorgegebenen Zahl, ist in unserem Alltag allgegenwärtig. Viele kennen das Phänomen, dass einem eine Telefonnummer oder ein PIN-Code erst einfällt, wenn man beginnt, die Zahl einzutippen. Auch hier ist der innere Autopilot am Werk. Die Macht des ersten Eindrucks kann Bewerbungsgespräche weniger effektiv machen. Ist eine Information erst einmal verankert, tendieren wir dazu, neue oder relevantere Daten nicht mehr situationsangemessen aufzunehmen.

Das klassische Experiment aus den 1970er-Jahren stammt auch hier wieder von Daniel Kahneman. Es führt den Effekt wie in einer Zirkusnummer vor – und funktioniert trotzdem jedes Mal wieder: Bevor eine Frage aus dem Bereich Politik gestellt wurde, drehte sich ein Glücksrad und blieb auf einer Zahl zwischen 1 und 100 stehen. Danach sollten die Teilnehmer die Frage beantworten, wie viel Prozent der afrikanischen Staaten Mitglied der UNO sind. War die vorgegebene Zahl beispielsweise eine 30, lagen die Schätzungen zwischen 20 und 40 Prozent. Zeigte das Glücksrad auf die 80, tippten die Befragten auf Zahlen zwischen 70 und 90 Prozent.

Nun kommen viele von uns wahrscheinlich schon bei der Frage ins Schwimmen, wie viele afrikanische Staaten es überhaupt gibt. Und darüber, ob sie in der UNO sind, haben wir vielleicht bislang nicht weiter nachgedacht. Die meisten werden also raten. Der Glücksrad-Effekt zeigt sich aber nicht nur dann, wenn der Befragte sich auf dem entsprechenden Gebiet nicht auskennt. Ebenso unfehlbar tritt er bei ausgewiesenen Fachleuten auf, die auf eine umfassende Expertise zurückgreifen können. Das belegt nicht nur eine Studie mit Immobilienmaklern, deren Schätzungen eines Grundstückswerts sich nachweislich manipulieren ließen, indem man Zahlenvorgaben in die Frage nach dem Preis hineinmogelte. Auch ein Experiment, das Edward Joyce und Gary Biddle von der Universität Chicago mit gestandenen Bilanzprüfern veranstalteten, bestätigt die Wirksamkeit dieses Effekts.

Einer ersten Gruppe legten Joyce und Biddle folgende zwei Fragen vor:

1. Werden, nach Ihren Erfahrungen in der Wirtschaftsprüfung, bei mehr als 10 von 1000 Firmen, die durch eine der großen Wirtschaftsprüfungsgesellschaften geprüft werden, signifikante Fälle von Betrug auf der Ebene der Geschäftsführung oder des leitenden Managements festgestellt: ja oder nein?
2. Wie hoch schätzen Sie den Anteil der Kunden großer Wirtschaftsprüfungsgesellschaften, bei denen signifikante Fälle von Betrug auf der Ebene der Geschäftsführung oder des leitenden Managements festgestellt werden (gemessen an 1000 Firmen)?

Die Fragen, die der zweiten Gruppe gestellt wurden, unterschieden sich nur in einem Detail: Bei der ersten Frage ging es nun um eine Einschätzung, ob ein Betrug bei »mehr als 200 von 1000 Firmen« (statt bei mehr als 10 von 1000) vorkam. Und die Ergebnisse? Die erste Gruppe kam bei der zweiten Frage auf einen durchschnittlichen Wert von 16,52 von 1000. Bei der zweite Gruppe lautete der durchschnittliche Wert: 43,11 von 1000.

Die Forschung zeigt, dass das Denken sich leicht »verankern« lässt, sogar dann, wenn es sich um irrelevante oder offensichtlich falsche Informationen handelt. Was bedeutet das für den Alltag? Versuchen Sie sich klarzumachen, welche Anker auf Sie einwirken, und vermeiden Sie irrelevante Verankerungen, die ihre Urteile beeinträchtigen können. Beobachten Sie wachsam, auf welche Zahlen und Fakten Sie sich – beispielsweise in einem Meeting – fokussieren. Rufen Sie sich die guten Gründe für Ihre Schätzungen und Verhandlungsmargen ins Bewusstsein, ziehen Sie Vergleichszahlen heran, um falsche Anker in ihrer Wirkung zu neutralisieren!

Der Ankereffekt beschränkt sich übrigens nicht auf Ratespiele, Immobilienpreise und Kundengespräche. Die Psychologin Birte Englich und ihr Team von der Universität Würzburg fanden heraus, dass die Abfolge der deutschen Prozessordnung, die den Staatsanwalt mit seinem Plädoyer beginnen lässt, einen Nachteil für den Angeklagten darstellen kann: Das von der Anklage geforderte Strafmaß wirkt als maßgeblicher Ankerreiz auf die richterliche Entscheidung.

Die britischen Entscheidungsforscher Mandeep Dhami und Peter Ayton haben das Verhalten von Laienrichtern untersucht, die an englischen Gerichten darüber entscheiden müssen, ob ein Verdächtiger in Haft bleibt oder (eventuell unter bestimmten Auflagen) bis zur eigentlichen Gerichtsverhandlung auf freien Fuß gesetzt wird. Die unter hohem Verantwortungs- und Zeitdruck stehenden Laienrichter geben – ehrlich überzeugt und reinen Gewissens – an, jeden Fall im Einzelnen und sorgfältig zu prüfen, bevor sie eine Entscheidung fällen. Dazu gehören Informationen zum Alter und Geschlecht, zur ethnischen Zugehörigkeit und sozialen Einbindung, zu Schwere und Zahl der Vergehen, früheren Verurteilungen sowie die Aktenlage zum aktuellen Fall. Die tatsächlichen Entscheidungen ließen sich allerdings mit einer Trefferquote von 92 Prozent nach der folgenden einfachen Regel vorhersagen: Forderte die Anklage ein Verbleiben in der Haft oder Auflagen, entschieden die Laienrichter entsprechend. Fehlte eine solche Vorgabe, orientierten sie sich daran, ob in früheren Verfahren Haft oder Auflagen verhängt worden waren. Lag auch eine solche Information nicht vor, griffen sie auf die Einschätzung des Polizeiprotokolls zurück.

Abrufbereites Wissen?

Welches der folgenden Phänomene verursacht jährlich mehr Todesfälle weltweit?

(1) Haie
(2) Kokosnüsse

Lösung: Im Jahr 2003 starben zehn Menschen durch Haiangriffe, 150 durch – vermutlich herabfallende – Kokosnüsse.

Zusammenhänge, die uns geläufig sind, erscheinen uns wichtiger als Sachverhalte, mit denen wir noch nie konfrontiert wurden. Schließlich sind wir gut informiert. Von Dingen, deren Namen wir kennen, glauben wir gerne, dass sie häufiger vorkommen als solche, von denen wir noch nie gehört haben. Aber mit dieser Verfügbarkeitsheuristik können wir auch vollkommen falsch liegen. Wir haben unseren Standpunkt – und der legt zugleich den Ausschnitt fest, den wir wahrnehmen.

Die folgenden zehn Unternehmen (ohne Banken und Versicherungen) wurden aufgrund ihres Umsatzes im Jahr 2009 von der *Süddeutschen Zeitung* unter die Top 100 in Deutschland aufgenommen. Welche der beiden aufgelisteten Gruppen mit jeweils fünf Firmen hatte das größere Umsatzvolumen?

Gruppe 1: BASF, E.ON, Haniel, Metro, Schwarz-Gruppe
Gruppe 2: Aldi, Bayer, BMW, Bosch, Lufthansa

Lösung: Die erste Gruppe

Unternehmen, Städte, Länder, Bevölkerungsgruppen, deren Namen wir kennen, erscheinen größer und einflussreicher. Aber Aktiengesellschaften müssen mehr veröffentlichen als Familienunternehmen, und über Firmen mit einem klaren Profil und einem eingeführten Markenbegriff lässt sich besser berichten. Da wird beim Leser und Zuschauer mehr abgespeichert als bei der vermeintlich gesichtslosen Beteiligungsgesellschaft.

Welche Zeitschriften haben Sie abonniert – und welche nicht? Schauen Sie im Ausland deutsche Nachrichten? Auch unsere Informationskanäle haben ihren Standpunkt und bieten eine entsprechend gefilterte Perspektive. Die Medienindustrie ist auch eine Unterhaltungsbranche und die Verfügbarkeit von Informationen hat ein starkes Manipulationspotenzial, wie die sich immer wiederholende Fernsehwerbung zeigt. Die Gewichtung von aktuellen, also verfügbaren Informationen ist in der Regel viel zu stark – in den Medien wie im Alltag. So ziehen Manager vor allem die zeitnahen Leistungen ihrer Mitarbeiter heran, wenn sie diese beurteilen und bewerten.

Die Wirtschaftswissenschaftler Rüdiger von Nitzsch und Olaf Stotz von der RWTH Aachen rechnen vor, dass die Tendenz, sich für das Geläufige zu entscheiden, Anleger zwischen einem und drei Prozent Rendite kostet. Sie investieren nämlich bevorzugt in den heimischen Aktienmarkt, obwohl ein international zusammengesetztes Portfolio lohnender wäre. Bei den Ökonomen heißt dieses Verhalten *home bias*.

Die Suche nach dem schwarzen Schwan

Vier Karten liegen auf dem Tisch, sie zeigen E, K, 4, 7. Jede Karte hat einen Buchstaben auf der einen und eine Zahl auf der anderen Seite. Welche Karten muss man umdrehen, um zu überprüfen, ob folgende Regel zutrifft: »Wenn auf der einen Seite der Karte ein Vokal ist, dann befindet sich auf der anderen Seite eine gerade Zahl«?

Lösung: Die Karten mit dem Vokal und der ungeraden Zahl

Die große Mehrheit der Versuchspersonen wählt E und 4, also – wie in der Regel benannt – den Vokal und die gerade Zahl. Sie versuchen Fälle zu sammeln, in denen die Regel eingehalten wird. Das kann man aber nur verlässlich herausbekommen, wenn man nach einem Verstoß sucht. Und der wäre gegeben, wenn sich auf der Rückseite der Karte mit einer ungeraden Zahl ein Vokal befände. Der britische Kognitionspsychologe Peter Wason, der diese Auswahlaufgabe 1966 erdachte, erklärt den »Fehlgriff« der Probanden damit, dass Menschen eher dazu neigen, Annahmen zu bestätigen als sie zu widerlegen.

Wenn die ersten 999 Schwäne, die wir beobachten, weiß sind, folgern wir, dass alle Schwäne weiß sind. Was passiert mit dieser Schlussfolgerung, wenn der tausendste ein schwarzes Federkleid hat? Hier zeigt sich die enorme Schlagkraft des nicht bestätigenden Beweises – oder wissenschaftlich formuliert: der Falsifizierung. Ein Werkzeug, das wir intuitiv benutzen, um Dinge zu bekämpfen, die wir nicht mögen – und das wir fast noch lieber einmotten, um uns mit unseren lieb gewordenen Überzeugungen in Sicherheit zu wiegen.

Übrigens: Streng genommen spielt es bei der Wasonschen Auswahlaufgabe keine Rolle, was sich auf der Rückseite der Karte mit der geraden Zahl verbirgt. Selbst wenn es ein Konsonant wäre: Es wurde ja weder eine Regel für die Rückseite von Karten mit geraden Zahlen noch für Karten mit Konsonanten aufgestellt. Deshalb macht es auch keinen Sinn, die Konsonantenkarte umzudrehen. Eine solche Regel könnte zum Beispiel lauten: Wenn auf der einen Seite der Karte ein Konsonant ist, dann ist auf der anderen Seite eine gerade oder eine ungerade Zahl. Sie haben den Eindruck, der Versuchsleiter wolle die Probanden an der Nase herumführen?

Nun ist es zugegebenermaßen nicht einfach, solche Aufgaben wasserdicht in Worte zu fassen. Ein nicht unwesentlicher Teil der Forscherdebatten kreist um solche Formulierungsfragen. Tatsächlich erzielen Teilnehmer weit bessere Ergebnisse, wenn man dasselbe Problem in einen nachvollziehbaren sozialen Kontext einbettet:

Im Auftrag des Ordnungsamtes sollen Sie Gaststätten daraufhin überprüfen, ob ausschließlich Volljährige Alkohol trinken. In einem Lokal sitzen an einem Tisch vier Personen. Sie sehen Folgendes: einen etwa fünfzigjährigen Mann, einen Jugendlichen, zwei Personen, die Ihnen den Rücken zukehren, eine trinkt Wein, die andere eine Bionade. Wen überprüfen Sie?

Hier stellt sich der Denkfalleneffekt bei den wenigsten ein. Es erscheint logisch, zum einen nachzuschauen, was der Jugendliche trinkt, und zum anderen zu prüfen, ob die Person mit dem Glas Wein volljährig ist. Dass man den Fünfzigjährigen und den Limonadentrinker nicht überprüft, leuchtet sofort ein. Die klar verständliche Darstellung eines Problems verschafft einen eindeutigen Vorteil. Fazit: In vielen Fällen lohnt es, Zeit und Expertise in die Klärung und Vermittlung eines problematischen Sachverhalts zu investieren, statt unreflektiert und spontan zu handeln.

Ein anderes, klassisches Experiment von Peter Wason bestand darin, seinen Probanden die Zahlenreihe »2, 4, 6 …« mit der Bitte um Weiterführung vorzulegen. Sie sollten dabei die zugrunde liegende Regel der Reihung aufdecken. Der Forscher gab ihnen Rückmeldung, ob ihre Zahlenreihe der Regel entsprach oder gegen sie verstieß. Was sie nicht wussten: Diese war denkbar simpel, es ging lediglich um aufsteigende Zahlen. Munter produzierten die Teilnehmer Zahlenkolonnen, die ihrer Hypothese »Addiere 2« oder »Gerade Zahlen« entsprachen. Niemand testete Varianten, die die eigene Vermutung widerlegt hätten, also etwa »2, 4, 6, 7, 9, 10«. Aber nur so hätte man die Aufgabe lösen können!

Seien Sie ehrlich: Wie sieht es in Ihrem Alltag aus mit der rückhaltlosen und intensiven Suche gerade nach solchen Fakten und Indizien, die Ihre Erwartungen aushebeln könnten? Wen rufen sie an, wenn Sie Referenzen von Bewerbern prüfen, und welche Fragen stellen Sie? Was machen Sie mit Ihrem Finanzexperten, der unbequeme, nicht bestätigende Argumente vorlegt? Hier hilft ein Perspektivenwechsel. Gewöhnen Sie sich an, zu fragen: »Was würde uns unwiderleglich beweisen, dass wir falsch liegen?«

Der Rahmen macht's!

Ein großer Automobilzulieferer leidet unter einem erheblichen Rückgang der Nachfrage. Eine Umstrukturierung und die Entlassung von Mitarbeitern sind unumgänglich. Der Produktionsleiter hat verschiedene Möglichkeiten zur Lösung entwickelt. Welchen Plan würden Sie auswählen?

(Plan 1) Dieser Plan wird eines der drei Werke sichern und 2000 Arbeitsplätze.

(Plan 2) Dieser Plan wird mit einer Chance von 33,3 Prozent alle drei Werke und alle 6000 Arbeitsplätze sichern, aber mit einer Wahrscheinlichkeit von 66,6 Prozent kein Werk und keinen Arbeitsplatz retten.

Wie schön, ein Rettungsplan! Sie sind in guter Gesellschaft, wenn Sie da zugreifen – und die vermeintlich sichere Option der schwer durchschaubaren Risikovariante vorziehen. Nun kommen aber noch zwei weitere Vorschläge auf den Tisch:

(Plan 3) Dieser Plan wird zur Folge haben, dass zwei der drei Werke geschlossen werden müssen und 4000 Arbeitsplätze verloren gehen.

(Plan 4) Dieser Plan wird mit einer Wahrscheinlichkeit von 66,6 Prozent dazu führen, dass alle drei Werke und alle 6000 Arbeitsplätze verloren gehen, und mit einer Wahrscheinlichkeit von 33,3 Prozent dazu, dass kein Werk und kein Arbeitsplatz verloren gehen.

Das klingt bitter! Sollte man da nicht zur letzten Variante greifen, die immerhin die Chance bietet, alles zu retten – auch wenn das Risiko, zu scheitern, überwiegt?

Unsere Reaktion auf die Vorschläge fällt unterschiedlich aus, obwohl unter dem Strich das Gleiche dabei herauszukommen scheint. In einem entsprechenden Versuch von Daniel Kahneman und Amos Tversky votierten 80 Prozent für die sichere Version (Plan 1) gegenüber (Plan 2), in einem zweiten Durchlauf votierten ebenfalls 80 Prozent – jedoch nun für die Risikoversion (Plan 4) gegenüber (Plan 3). Tatsächlich sind die Vorschläge 1 und 3 sowie 2 und 4 jeweils objektiv gleichwertig. Die Einbettung in einen optimistischen oder pessimistischen Rahmen beeinflusst unsere Reaktion. Hier kommt also der sogenannte Rahmeneffekt oder Framing-Effekt zum Tragen. Auf den Unterschied zwischen unserem Verhalten bei winkenden Gewinnen auf der einen Seite und drohenden Verlusten auf der anderen werde ich noch zu sprechen kommen – und ebenso auf unsere Schwierigkeiten, Wahrscheinlichkeiten einzuschätzen.

Ein anderes Beispiel: Teilt Ihnen der Arzt vor der Operation mit, dass der Eingriff eine neunzigprozentige Erfolgsquote verzeichnet, werden Sie sich weitgehend beruhigt in den OP fahren lassen. Anders sieht es vermutlich aus, wenn er Sie mit ernstem Gesicht auf die Gefahr einer zu erwartenden Komplikation hinweist, die bei zehn Prozent liegt. Beunruhigenderweise haben solche Formulierungsvarianten die gleichen Nebenwirkungen bei Ärzten wie bei Laien. Das haben verschiedene Studien nachgewiesen. Je mehr auf dem Spiel steht, desto wichtiger ist es, einen kühlen Kopf zu behalten und die Gegenseite von der Bedienung Ihrer Angstknöpfe und Hoffnungsschalter fernzuhalten.

Wie sich der Rahmeneffekt zur Durchsetzung eigener Interessen einsetzen lässt, zeigt die folgende Anekdote des US-amerikanischen Sozialpsychologen Gordon Allport: Ein junger Mönch fragt seinen Abt: »Darf ich beim Beten rauchen?« Die Antwort ist ein entrüstetes Nein. Kurz darauf trifft der junge einen alten Mönch, der beim Beten genüsslich eine Pfeife pafft. Er ermahnt ihn: »Man soll nicht beim Beten rauchen, hat der Abt gesagt.« Der Alte entgegnet gelassen: »Ach ja? Ich habe den Abt gefragt, ob ich beim Rauchen beten darf – und er hat es erlaubt.«

Die Qual der Wahl

In einem Supermarkt für gehobene Ansprüche haben Sie die Wahl, am Dienstag sechs exotische Sorten Marmelade zu probieren oder am Donnerstag an einer Verkostung von 24 ausgewählten Konfitüren teilzunehmen. Welche Veranstaltung klingt für Sie interessanter? Und bei welcher von beiden würden Sie vermutlich eher oder mehr kaufen?

Die Probe aufs Exempel haben die Psychologen Sheena Iyengar und Marc Lepper vor ein paar Jahren in Draeger's Supermarket im kalifornischen Menlo Park gemacht. Das Feinkostgeschäft mitten im Silicon Valley ist bekannt für seine Auswahl zum Beispiel an Olivenöl (75 Sorten), Senf (250 Sorten) und Marmelade (300 Sorten). Was die Forscher an den beiden Probiertischen herausfanden, war allerdings verblüffend: Tatsächlich blieben, wie erwartet, mehr Leute bei dem opulenten Angebot stehen als bei der übersichtlichen Auswahl, nämlich 60 Prozent der Kunden gegenüber 40 Prozent bei dem kleineren Tisch. Auf das Kaufverhalten wirkte sich das Überangebot allerdings lähmend aus: Nur drei Prozent der Kunden kauften anschließend eine der Konfitüren. Die übersichtliche Auswahl war dagegen ein durchschlagender Erfolg: 30 Prozent der Kunden kauften eine der angebotenen Sorten.

Manchmal ist weniger also tatsächlich mehr. Die klassische Kapazitätsgrenze für unser Kurzzeitgedächtnis liegt bei sieben Items (plus/minus eins). Die wurde am übersichtlichen Verkostungstisch erfolgreich genutzt. Ich möchte aber bezweifeln, dass Sie sieben Merlots oder sieben Parfüms wirklich auseinanderhalten können. Ich kann es jedenfalls nicht. Erinnern Sie sich noch an Ihre letzte Weinprobe oder den Zwischenstopp im Duty-free-Shop? Die realitätserprobte Daumenregel: Werden Sie wachsam, wenn die zur Wahl stehenden Möglichkeiten die Zahl der Finger an Ihrer Hand übersteigen.

Die Macht des Faktischen

Stellen Sie sich vor, Ihr reicher Erbonkel aus den Vereinigten Staaten ist verstorben – und hat Ihnen sein beträchtliches Vermögen vermacht. Wie wollen Sie es anlegen? Drei Anlageformen standen den Probanden einer Studie zur Auswahl: Aktien einer riskanten Firma, Aktien eines soliden Traditionsunternehmens sowie Bundesanleihen. Mit dem Risiko sank auch die Rendite der Anlage.

Das Ergebnis dieses Versuchs von William Samuelson (Boston University) und Richard Zeckhauser (Harvard): Eine erste Gruppe, der man das Erbe als (fiktives) Barvermögen zuteilte, ließ keine Präferenzen erkennen; alle drei Anlageformen kamen in gleicher Verteilung vor. Das änderte sich jedoch bei den anderen Versuchsgruppen, die jeweils ein in bestimmter Weise angelegtes Vermögen erbten. Die Präferenzen verschoben sich signifikant unter dem Einfluss der Vorgabe. Wurde das Vermögen überwiegend in Form von Anleihen weitergegeben, stieg diese Anlageform auch bei den Erben von 32 Prozent auf 47 Prozent.

Der US-Wirtschaftswissenschaftler und Präsidentenberater Richard Thaler nennt dieses Phänomen Status-quo-Effekt. Die Art, wie wir die Dinge vorfinden, flößt uns einen gehörigen Respekt ein. Hier einzugreifen und etwas zu verändern, erleben wir als Akt, für den wir vermutlich den Kopf hinhalten müssen. Deshalb tendieren wir zur Vorsicht, eventuell sogar zu Passivität und Untätigkeit. Dass die Übernahme und Fortführung eines Status quo ebenso eine Entscheidung und Handlung ist, für die wir Verantwortung tragen, tritt völlig in den Hintergrund.

Und so nehmen die Menschen weltweit astronomische Verluste hin, verursacht durch ungekündigte, sich verlängernde Verträge, durch nicht abgestoßene Ladenhüter, Anlageflops und andere Karteileichen. Und dieser Spezialfall kognitiver Sparsamkeit kann sogar Menschenleben kosten, wie Eric Johnson und Daniel Goldstein vom

Center for the Decision Sciences an der New Yorker Columbia University am Beispiel der Bereitschaft zur Organspende gezeigt haben.

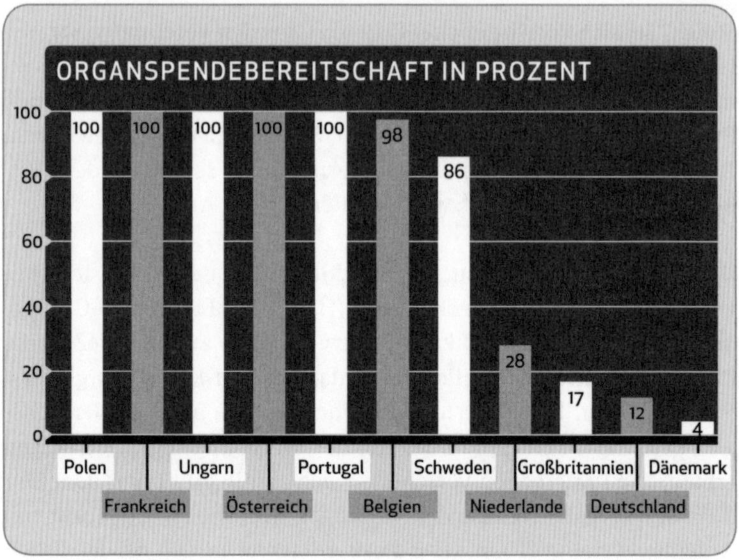

Die Tabelle zeigt den Prozentsatz der Menschen aus unterschiedlichen Ländern, die einwilligen, ihre Organe zu spenden. Die Länder auf der linken Seite weisen eine große, die Länder auf der rechten Seite eine sehr geringe Spendenbereitschaft auf. Wie erklären sich diese drastischen Unterschiede? Hat das etwas mit der Kultur zu tun, mit der Wertschätzung des Gemeinwesens, oder liegt es an der Religion? Die Tabelle spricht eine andere Sprache: Nationen, deren vorherrschende Mentalität uns durchaus vergleichbar erscheint, unterscheiden sich im Organspendeverhalten fundamental voneinander. Dies gilt etwa für Schweden (86 Prozent) und Dänemark (4 Prozent), die Niederlande (28 Prozent) und Belgien (98 Prozent) und auch für Deutschland (12 Prozent) und Österreich (100 Prozent).

Die Niederlande sind immerhin der Spitzenreiter in der knauserigen Gruppe. Wie kam es dazu? Dort wurde jeder Haushalt in einem Brief zur Teilnahme am Organspendeprogramm aufgefordert. Der Erfolg der Aktion: Etwas mehr als ein Viertel der Bevölkerung gab die entsprechende Zusage. Doch was haben die Länder auf der linken Seite anders gemacht? In jedem Fall handelte es sich um eine ausgesprochen effektive Maßnahme.

Die Antwort ist bestürzend simpel: Die Länder auf der rechten Seite verwenden ein Standardformular, das in etwa so lautet: »Kreuzen Sie dieses Kästchen an, wenn Sie am Organspendeprogramm teilnehmen wollen.« Und was passiert? Die Leute kreuzen nicht an und sie nehmen nicht teil. Die Länder auf der linken Seite verwenden eine minimal andere Formulierung: »Kreuzen Sie dieses Kästchen an, wenn Sie nicht am Organspendeprogramm teilnehmen möchten.« Interessanterweise sparen sich die Menschen auch hier das Kreuz, doch jetzt nehmen sie eben teil.

Der Entscheidungsforscher und Bestsellerautor Dan Ariely, der die Studie von Johnson und Goldstein in einem Vortrag zu seinem Buch *Denken hilft zwar, nützt aber nichts* aufgreift, zieht daraus Schlüsse auf unser tägliches Verhalten: Sobald wir am Morgen aufwachen, beginnt eine Kette von Entscheidungssituationen, die nicht abreißt, bis wir am späten Abend wieder einschlafen. Wir öffnen den Kühlschrank, wählen aus, was wir essen wollen. Wir suchen aus unserem Kleiderschrank das passende Outfit aus. Wir gehen einkaufen und glauben nur das zu kaufen, was wir benötigen. Wir fahren zum Flughafen und entscheiden uns für einen Flug. Den ganzen Tag über haben wir das Gefühl, am Steuer zu sitzen und uns auf einer selbstbestimmten Bahn zu bewegen. Wechselt man auf eine Außenperspektive, zeigt sich jedoch, wie stark jede einzelne Entscheidung in das jeweilige Entscheidungssystem, in dem sie getroffen wird, eingebettet ist. Und das haben wir in der Regel nicht selbst entwickelt. Beim Thema Organspende wird deutlich, dass die Person, die das Formular entwirft, offenbar einen größeren Einfluss auf unsere Entscheidung hat als wir selbst.

Ist das repräsentativ?

Welche der beiden folgenden Krankheiten verursacht jährlich mehr Todesfälle bei Frauen in Deutschland?

(1) Brustkrebs
(2) Herz-Kreislauf-Erkrankungen

Lösung: Richtig ist die zweite Antwort.

Auch wenn Brustkrebs eine Krankheit ist, die ausschließlich bei Frauen auftritt, sodass man sie automatisch mit Frauen in Verbindung bringt, sterben Frauen in den Industrienationen – ebenso wie die Männer – weit häufiger an Herz-Kreislauf-Erkrankungen als an einem der verschiedenen Krebsleiden. Die inhaltliche Verknüpfung sagt nichts über die zahlenmäßige Relevanz. In diesem Fall führt die sogenannte Repräsentativitätsheuristik in die Irre: Wir entscheiden uns für das assoziativ Naheliegende, für das, was Sinn macht – und verfehlen den faktischen Sachverhalt.

Das gilt übrigens auch für die im ersten Kapitel bereits gestellte Frage, ob Haie oder Kokosnüsse mehr Todesfälle weltweit verursachen: Haie gehören zu den furchterregendsten Raubtieren auf diesem Planeten. Sie sind geradezu Prototypen für die perfekte Killermaschine. Wissenschaftliche Berichte bestätigen das und Fotos zeigen es eindrucksvoll. Kokosnüsse sind inhaltlich vollkommen anders besetzt, man denkt eher an fernöstliche Speisen und Süßigkeiten. Bislang war noch kein Film über eine bedrohliche Kokosnuss im Kino zu sehen. Und es ist ja auch tatsächlich gefährlicher, einem Hai zu begegnen als unter einer Kokospalme zu sitzen. Das ändert aber nichts an der Tatsache, dass es weit mehr Kokospalmen als Haie gibt und Menschen sich mehr an Land als im Wasser bewegen. Deshalb sind Unfälle durch Kokosnüsse häufiger. Sie sind allerdings keiner Zeitung eine Meldung wert.

Daniel Kahneman und sein Team haben ihre Probanden mit Typenbeschreibungen – wie der vom etwas pedantischen Ingenieur Tom und der frauenbewegten Linda – in verschiedene Versuchsanordnungen geschickt und zuverlässig zeigen können, dass die anschaulichen Persönlichkeitsprofile alle Zusatzinformationen über Häufigkeiten und Wahrscheinlichkeiten überlagern. So galt es, aus einer Gruppe von Studenten die künftigen Ingenieure herauszufischen. Zielstrebig wurden alle identifiziert, auf die das Tom-Profil passte. Die Information, dass nur ein Drittel von ihnen Ingenieurwesen studierte, wurde schlicht übersehen.

Auf eingefahrenen Wegen

Vor Ihnen liegen ein Kästchen mit Reißzwecken, eine Kerze und eine Schachtel Streichhölzer. Wie können Sie damit die Kerze in Augenhöhe an der Wand befestigen?

Lösung: Die Schachtel als Kerzenhalter verwenden und mit Reißzwecken an die Wand pinnen.

Dieses Beispiel stammt aus dem Werk *Zur Psychologie des produktiven Denkens,* dem Klassiker zur Theorie des Problemlösens, den der Psychologe Karl Duncker Mitte der 1930er-Jahre verfasste, bevor er aus politischen Gründen in die USA auswandern musste. Dass die Schachtel als Halter verwendet und damit zweckentfremdet werden kann, kommt den wenigsten Menschen spontan in den Sinn – es sei denn, die Schachtel wird leer neben den Reißzwecken gezeigt. Den meisten fällt die Lösung schwer, weil sie in der Schachtel nur den Behälter für die Reißzwecken sehen. Duncker nennt das »funktionale Gebundenheit«.

Der findige Analytiker unseres Alltags hat eine ganze Reihe solcher Experimente durchgeführt, bei denen ein Werkzeug »gegen den Strich« genutzt werden muss, um eine Aufgabe zu lösen: Ein Bohrer dient als Aufhänger für einen Faden. Eine Zange wird als Abstandhalter unter eine Leiste gelegt. Eine Büroklammer wird als Haken verwendet, und ein Korken ist das fehlende Verbindungsstück, um eine Leiste in einen Türrahmen zu klemmen. Dass wir solche Dinge mit einem Blick erkennen und zuordnen können, hilft uns bei unseren täglichen Verrichtungen enorm. Gleichzeitig wird unsere Wahrnehmung durch diese Automatismen eingegrenzt. Das kann zu regelrechten Denkblockaden führen, und zwar in Situationen, die durchaus mit einfachen Mitteln lösbar sind.

Die folgenden aus Streichhölzern gelegten Gleichungen sind falsch. Wie lassen sich durch Verschieben von je einem Streichholz korrekte Aussagen machen?

VII = II + III
IV = IV + IV

Lösung: VI = III + III; IV = IV = IV

Während beim Streichholzproblem die Mehrheit der Versuchspersonen die erste Aufgabe noch löst, scheitern die meisten an der zweiten. Die Rechenzeichen zu verändern und noch dazu eine Doppelgleichung zu produzieren, empfinden sie unbewusst als Regelverletzung, sodass sie gar nicht erst darüber nachdenken. Insofern zeigt sich auch hier, dass bestimmte mögliche Lösungsansätze vom Gehirn nicht berücksichtigt werden – obwohl sich darunter die richtigen Antworten befinden können. Besonders erfolgreich bei dieser Aufgabe waren übrigens Probanden, die unter einer Schädigung des seitlichen Frontallappens der Großhirnrinde leiden. Bei ihnen ist der intuitive Automatismus offenbar ausgeschaltet.

Beim Kerzen- wie beim Streichholzproblem wirken die Strategien des Gehirns zur Effizienzsteigerung kontraproduktiv: Statt sich mit allen möglichen Lösungsansätzen zu befassen, sortiert es (vermeintlich) abwegige Ansätze aus, bevor sie die bewusste Ebene erreichen. Einen verwandten Effekt fördert die legendäre Umfüllaufgabe des US-amerikanischen Gestaltpsychologen Abraham Luchins aus dem Jahr 1942 zutage. Kommen Sie dem Phänomen vor der Auflösung auf die Schliche?

Die Aufgabe, durch Umfüllen unterschiedlich großer Kannen bestimmte Füllmengen zu erreichen, wird mithilfe von zwei Kannen in einem ersten Durchlauf erklärt: Gegeben sind eine 29-Liter-Kanne und ein 3-Liter-Gefäß. Zielmenge sind 20 Liter. Die große Kanne wird gefüllt. Wenn man dreimal das 3-Liter-Gefäß gefüllt und ausgegossen hat, bleibt die geforderte Menge in der großen Kanne zurück.

Es folgen acht entsprechende Umfüllaufgaben mit jeweils drei Gefäßen:

AUFGABE	A	B	C	ZIEL
2	21	127	3	100 Liter
3	14	163	25	99 Liter
4	18	43	10	5 Liter
5	9	42	6	21 Liter
6	20	59	4	31 Liter
7	23	49	3	20 Liter
8	15	39	3	18 Liter
9	28	76	3	25 Liter

Sicher kann man auch bei Aufgabe 7 die geforderten 20 Liter erreichen, indem man aus dem 49-Liter-Gefäß erst einmal 23 Liter und dann zwei mal drei Liter abgießt. Sinnvoller ist es allerdings, den 23-Liter-Krug zu nehmen und einmal drei Liter umzufüllen. Haben Sie es gleich gemerkt? Drei Viertel der Teilnehmer in Luchins' groß angelegter Versuchsreihe führten das einmal eingeübte Verfahren fort – auch in den letzten Fällen, wo es hochgradig ineffizient ist. Eine zweite Gruppe erhielt die Aufgaben in anderer Reihenfolge. Standen die Aufgaben 7 bis 9 am Anfang – bevor der Einstellungseffekt wirksam wurde –, wandten alle Teilnehmer auf Anhieb das effiziente Verfahren an.

Was ist ein Einstellungseffekt? Haben wir erst einmal eine Routine zur Lösung eines Problems entwickelt, halten wir in erster Linie nach Wiedererkennungsmerkmalen Ausschau. Statt bei jeder Alltagsanforderung über eine innovative Lösung nachzudenken, wenden wir lieber Verfahren an, die wir schnell zur Hand haben. Das nennen die Psychologen dann Einstellungseffekt. Dass uns dieser innere Autopilot eine ganze Menge Blindflüge beschert, dürfte deutlich geworden sein. Der Problemlösungsexperte Dietrich Dörner kommentiert das Umfüllexperiment trocken: »Dies ist ein Beispiel für die Tatsache, dass Erfahrung nicht notwendigerweise immer klug macht: Erfahrung kann auch dumm machen.«

Unser Denken – ein Irrtum der Natur?

Mehrere Jahrhunderte lang haben sich vor allem Philosophen mit dem menschlichen Denken befasst. Sie haben in ihren Studierstuben die Benchmarks für logisches Schlussfolgern, gültige Argumente und vernünftiges Handeln gesetzt. Als Psychologen mithilfe von Feldforschungen herausfanden, wie Denken tatsächlich funktioniert, waren sie überrascht. Der britische Psychologe Frederic Charles Bartlett gründete in den 1940er-Jahren das empirische Forschungsinstitut der Universität Cambridge und formulierte die bis heute grundlegende Auffassung, dass es beim menschlichen Denken vornehmlich um das Füllen von Lücken geht. Seine Erkenntnisse zum menschlichen Verstand fasste er in dem Ausruf zusammen: »How much can be done with so little!«

Menschen müssen in realen Situationen entscheiden und handeln. Es gibt keinen Kontrollraum, in dem die Zusammenhänge objektiv erkennbar sind und der uns zu hundertprozentig richtigen Entscheidungen verhelfen würde, wenn man nur durch ein Hintertürchen dem bunten Leben entwischen könnte, um hier in Ruhe perfekte Antworten zu finden. Der Alltag ist kein Lexikon, wo es zu jedem Stichwort den korrekten Eintrag gibt, und noch nicht einmal ein Multiple-Choice-Test. Selten gibt es eine überschaubare Auswahl, fast immer mehr als eine mögliche Antwort. Oft ist noch nicht einmal die Frage klar, um die es geht.

Als Daniel Kahneman, Amos Tversky und andere junge Kognitionsforscher in den 1970er-Jahren an die Arbeit gingen, hatten sie nicht zuletzt einen einflussreichen Gegner im Visier: In der ökonomischen Theoriebildung herrschte unangefochten der Idealtypus des Homo oeconomicus. Man stellte sich vor, dass Konsumenten wie Unternehmer in einen solchen Kontrollraum gingen, bevor sie Entscheidungen trafen. Hier rechneten sie kühlen Kopfes durch, welche Strategien ihren Nutzen maximieren würden. Natürlich rein theoretisch, nicht in der Wirklichkeit. Es war jedoch nicht von der Hand zu weisen, dass dieses theoretische Konstrukt im eklatanten Widerspruch zu den empirischen Befunden stand. Eine ganze Generation hat also daran gearbeitet, den Beweis anzutreten, dass wir nicht so rational handeln wie behauptet.

Nun mag sich bei manchem, der eine Reihe der ausgefuchsten Denksportaufgaben absolviert hat, das bange Gefühl einschleichen, dass mit unserem Denken etwas grundsätzlich nicht stimmt. Was ist da schiefgelaufen? Heuristiken und kognitive Verzerrungen werden heute weitgehend evolutionspsychologisch erklärt, als Anpassungen an unsere Umwelt. Sind wir also vom Aussterben bedroht, weil unser Neandertal-Erbe im 21. Jahrhundert völlig überholt ist? Ganz so schlimm ist es nicht, denn eine überwiegende Zahl von Basisdaten – zum Beispiel die Erdanziehung, Tag und Nacht, grundlegende Verhaltensmuster bei Mensch und Tier – bleibt zuverlässig konstant. Hier ist unser genetisch abgespeichertes Repertoire an Wahrnehmungs- und Handlungsmustern ein wirklicher Schatz.

Die Wissenschaft hat uns einerseits geholfen, diese Vorgaben zu überschreiten. Sie kommt deshalb häufig zu realitätstüchtigeren Resultaten, an denen wir unsere intuitiven Ergebnisse messen können. Gleichzeitig haben Wissenschaftler die Muster menschlichen Wahrnehmens, Denkens und Handelns untersucht und markieren die Felder, auf denen wir nicht so gut funktionieren. Der österreichische Biologe und Evolutionstheoretiker Rupert Riedl bringt es auf den Punkt: »Das biologische Wissen enthält ein System vernünftiger Hypothesen, Voraus-Urteile, die uns im Rahmen dessen, wofür sie selektiert wurden, wie mit höchster Weisheit lenken; uns aber an dessen Grenzen vollkommen und niederträchtig in die Irre führen.«

Gerd Gigerenzer vom Max-Planck-Institut für Bildungsforschung hat gezeigt, dass die viel geschmähten Heuristiken, Abkürzungstricks und Bauchentscheidungen im Alltag erstaunlich erfolgreich sind – und dass es in vielen Fällen gar keine Alternative zu ihnen gibt. Um die Flugbahn eines Baseballs zu berechnen, braucht man ein ganzes Rechenzentrum. Ein Spieler, der einfach losrennt, den Ball immer im gleichen Blickwinkel im Auge behält und seine Vorwärtsbewegung intuitiv anpasst, hat eine große Chance, ihn zu fangen. Gigerenzer: »Es ist ein Irrtum, anzunehmen, Intelligenz sei zwangsläufig bewusst und hänge nur mit Überlegung zusammen.« Und: »Komplexes Verhalten setzt keine komplexen geistigen Strategien voraus.«

Dass der Traum vom Kontrollraum und der perfekten Lösung ausgeträumt ist, zeigt ausgerechnet der legendäre Schachcomputer. Trotz seiner übermenschlichen Rechenkapazität kommt er nicht ohne Heuristiken aus, wie Gigerenzer vorrechnet: »Deep Blue, der IBM-Schachcomputer, ist in der Lage, 200 Millionen mögliche Schachzüge pro Sekunde zu prüfen. Trotz dieser atemberaubenden Geschwindigkeit würde Deep Blue 55 Billionen Jahre brauchen, um zwanzig Züge vorauszudenken und den besten auszuwählen. (Zum Vergleich: Man nimmt an, dass der Urknall vor rund 14 Milliarden Jahren stattgefunden hat.) Zwanzig Züge sind in der Regel aber noch kein vollständiges Schachspiel. Deshalb können Schachcomputer wie Deep Blue nicht die beste Zugfolge finden, sondern müssen sich wie die Großmeister auf Faustregeln verlassen.«

Verglichen mit vielen Alltagssituationen ist das Schachspiel ein simples Unterfangen. Es gibt nur zwei Spieler, ein klar begrenztes Spielfeld, klare Regeln, eingeschränkte Bewegungsmöglichkeiten und ein eindeutiges Ziel. In der realen Welt gibt es sieben Milliarden Menschen, die miteinander leben, Handel treiben, streiten. Ihre Ziele und die Spielregeln sind ihnen häufig ebenso wenig klar wie den 193 von den Vereinten Nationen anerkannten Staaten, in denen sie leben. Allein in Deutschland gehen laut Industrie- und Handelskammer 4,5 Millionen aktive Firmen ihren Geschäften nach. Da lassen sich selbst grobe Trends kaum zuverlässig berechnen. Ohne eingespielte Routinen und Faustregeln wären wir schlicht und einfach handlungsunfähig.

Ehrenrettung für die Bauchentscheidung

Welche Stadt in den USA ist größer:

(1) San Antonio
(2) Chicago

Lösung: Chicago hat 2,7 Millionen Einwohner, San Antonio 1,33 Millionen.

Erstaunlicherweise beantworten Deutsche diese Frage mit einer höheren Trefferquote richtig als US-Bürger – und zwar aufgrund ihres Halbwissens. San Antonio ist die siebtgrößte Stadt der Vereinigten Staaten, und wer das weiß, kommt bei der Antwort ins Schlingern. Wer den Namen noch nie gehört hat, entscheidet sich intuitiv für Chicago – und liegt damit richtig. Gerd Gigerenzer und sein Team haben dieses Phänomen systematisch und empirisch untersucht. Ihr Fazit: Faustregeln und Heuristiken sind besser als ihr Ruf! Sie haben ihren berechtigten Platz in unseren Alltagsentscheidungen, zumal wir bei manchen von ihnen auch auf die Pause-Taste drücken können, wenn unser Bauchgefühl zur Vorsicht mahnt.

Als man Mitglieder der Stanford University fragte, welche Stadt größer sei, das kalifornische Sausalito oder das (erfundene) Heingjing, entschieden sich die meisten bewusst für die unbekannte Stadt. Das Nachbarstädtchen Sausalito hat weniger als 8000 Einwohner. Dass in der vermeintlich chinesischen Stadt Heingjing mehr Menschen leben, liegt dann nahe. Und Sie haben bereits jetzt dieses Buch mit Gewinn gelesen, wenn Sie vor Beantwortung der nächsten Frage die Pause-Taste betätigen.

Welche Stadt in den USA ist größer:

(1) San Antonio
(2) San Francisco

Lösung: San Antonio mit 1,3 Millionen Einwohnern. San Francisco hat gut 800.000 Einwohner, ist also die kleinere Stadt.

Sicher haben Sie schon viele Lieder über San Francisco gehört und viele Filme gesehen, die in den Straßen der kalifornischen Metropole spielen. Tatsächlich leben in der Bay Area sieben Millionen Menschen, San Francisco selbst ist aber nicht sonderlich groß. Die texanische Großstadt San Antonio hat weniger Glanz, aber eben mehr Einwohner. Gute Intuitionen sind eine Frage des Trainings, und dazu gehören auch die Fehler, die man macht. Gerd Gigerenzer meint: »Bauchgefühle mögen ziemlich simpel erscheinen, doch ihre tiefere Intelligenz äußert sich in der Auswahl der richtigen Faustregel für die richtige Situation. ... Die Fähigkeit, gleich als Erstes die besten Optionen zu generieren, ist charakteristisch für einen erfahrenen Spieler.«

Bei Sportwetten und der Zusammenstellung von Aktienfonds ist die Verfügbarkeitsheuristik die richtige Wahl – wenn man über die passende Portion Halbwissen verfügt. Als die Zeitschrift *Capital* ein Börsenspiel veranstaltete, bei dem es galt, ein Portfolio aus 50 vom Chefredakteur vorgegebenen internationalen Internet-Aktien zusammenzustellen und sechs Wochen zu betreuen, nahm Gigerenzer neben 10.000 Mitspielern daran teil. Während seine Konkurrenten Insiderwissen und Hochleistungscomputer bemühten und permanent umschichteten, fragte der Forscher 100 Berliner Passanten, welche der Namen auf der Liste sie schon einmal gehört hatten, stellte die zehn am häufigsten genannten zusammen und hielt dieses Paket unverändert über den ganzen Zeitraum.

Das Passanten-Portfolio übertraf die Portfolios von 88 Prozent der Mitspieler, darunter pikanterweise auch das des Chefredakteurs. In ein zweites, nach gleichem Prinzip zusammengestelltes Aktienpaket investierte Gigerenzer 50.000 Euro aus eigener Tasche – und erzielte in sechs Monaten eine Rendite von 47 Prozent. Wir wollen hoffen, dass er den Gewinn in seine Forschung investiert hat …

Teil 3

Sorgfältig überlegt? Warum kluges Handeln so schwer ist

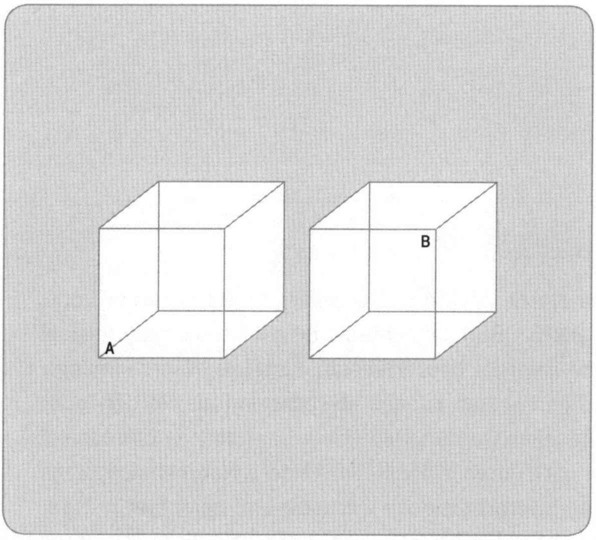

Necker-Würfel: Wie ist die Positionierung im Raum?

Necker-Würfel

Diese Kippfigur wurde nach dem Schweizer Kristallforscher Louis Albert Necker (1786–1861) benannt und ist ein klassisches Beispiel für die von ihm erstmals beschriebene »bistabile Wahrnehmung«: Die quadratischen Flächen können abwechselnd als Vorder- oder als Rückseite gesehen werden. Der Würfel ragt dann entsprechend nach oben oder nach unten in den Raum. Unsere Wahrnehmung kann zwischen diesen Interpretationen wechseln und beim hier präsentierten Doppelwürfel für beide Seiten unterschiedliche Varianten wählen.

Denkblockade

Paul schaut Marie an und Marie betrachtet Fred. Paul ist verheiratet, Fred nicht. Schaut eine verheiratete Person eine unverheiratete an?

Lösung: Ja. Denn Marie kann nur verheiratet oder unverheiratet sein. Ist sie verheiratet, schaut sie den nicht verheirateten Fred an; ist sie unverheiratet, betrachtet der verheiratete Paul die ledige Marie.

In Experimenten des kanadischen Psychologen Keith Stanovich behaupten 80 Prozent der Probanden, die obige Frage lasse sich so nicht beantworten. Erst auf den ausdrücklichen Hinweis, alle Möglichkeiten zu durchdenken, wird den meisten klar, dass die Antwort in jedem Fall Ja ist. Die These von Stanovich: Viele Menschen setzen ihre kognitiven Kapazitäten sparsam ein. Sind keine Lösungsroutinen zur Hand, sondern müssen mehrere Möglichkeiten durchdacht werden, verzichten sie erst einmal auf eine Klärung, da diese ihnen zu mühsam ist. Diesen Effekt können Sie vermutlich bei der nächsten Aufgabe selbst erleben.

Zebrarätsel: Es stehen fünf Häuser nebeneinander, jedes hat eine andere Farbe. In jedem Haus wohnt eine Person mit jeweils einer anderen Nationalität. Jeder der Hausbewohner trinkt ein bestimmtes Getränk, raucht eine bestimmte Marke Zigaretten und hat ein bestimmtes Haustier. Keines der Getränke, keine Zigarettenmarke und kein Haustier kommt zweimal vor. Die Fragen lauten: Wer trinkt Wasser und wer hat ein Zebra?

Hinweise, um die Lösung zu finden:

Der Engländer wohnt im roten Haus.

Der Spanier hat einen Hund.

Kaffee wird im grünen Haus getrunken.

Der Ukrainer trinkt Tee.

Das grüne Haus ist direkt rechts vom weißen Haus.

Der Raucher von Altem-Gold-Zigaretten hält Schnecken als Haustiere.

Die Zigaretten der Marke Kools werden im gelben Haus geraucht.

Milch wird im mittleren Haus getrunken.

Der Norweger wohnt im ersten Haus.

Der Mann, der Chesterfield raucht, wohnt direkt neben dem Mann mit dem Fuchs.

Die Marke Kools wird geraucht im Haus direkt neben dem Haus mit dem Pferd.

Der Lucky-Strike-Raucher trinkt am liebsten Orangensaft.

Der Japaner raucht Zigaretten der Marke Parliaments.

Der Norweger wohnt direkt neben dem blauen Haus.

Lösung: Eine mögliche Lösung des Rätsels lautet: Der Norweger trinkt Wasser und der Japaner hat ein Zebra. Die genaue Verteilung der Häuser und ihrer Bewohner finden Sie am Ende des Buches.

Das Zebrarätsel hat eine gewisse Berühmtheit erlangt, da Albert Einstein angeblich gesagt haben soll, nur zwei Prozent der Weltbevölkerung seien in der Lage, es zu lösen. Es ist allerdings gar nicht so schwierig – wenn man ein paar einfache Handgriffe anwendet. Zunächst einmal muss man die Verzweiflung angesichts der verkorksten Zusammenhänge überwinden und die Unlust, diesen ganzen Wust zu sortieren. Denn die produzieren eine klassische Denkblockade.

Danach haben mir zwei simple Tricks weitergeholfen. Der Versuch, das Ganze auf einem Blatt Papier in einer Tabelle mit 25 Merkmalfeldern zu lösen, ist vermutlich etwas für die besagten zwei Prozent. Ich habe mir zugegebenermaßen 25 Karteikarten genommen, die ich umgruppieren konnte. Es ging also um Flexibilität und Freiheit und darum, in einem ersten Schritt die Einzelzusammenhänge zu klären und zu sortieren. Also um Übersicht.

Dann konnte ich auch den zweiten Trick einsetzen: Man muss bei der Abfolge der Häuser nämlich erst einmal entscheiden – und anschließend schauen, ob es aufgeht. Dafür braucht man das Gefühl, verschiedene Möglichkeiten ausprobieren zu können. Obwohl das Ganze so sehr nach formaler Logik und Hausaufgaben klingt, geht es hier auch um Handlungsfreiheit und um den Mut zur Entscheidung. Gerade die Nachbarschaftsmerkmale (»Neben dem Haus, in dem Chesterfields geraucht werden, gibt es einen Fuchs«), die kognitiv so vertrackt klingen, sind im Rahmen der Legetechnik dann unmittelbar zielführend.

Agieren statt Nachdenken

Die Fluchttendenz, wenn uns etwas zu kompliziert erscheint, gibt es nicht nur bei Denksportaufgaben. Wissen wir nicht auf Anhieb, was zu tun ist, versuchen wir uns aus der Affäre zu ziehen: Wir delegieren, ignorieren oder ziehen uns auf eingefahrene Routinen zurück. Das kennen Sie bestimmt auch aus Ihren beruflichen Zusammenhängen. Und leider gilt dies des Weiteren auch im Krankenhaus.

Donald Redelmeier von der Universität Toronto und Eldar Shafir von der Universität Princeton dachten sich die folgende Fallstudie eines Patienten aus und präsentierten sie zwei Gruppen von Ärzten: Ein 67 Jahre alter Bauer leidet seit einiger Zeit an Schmerzen in der rechten Hüfte. Die bislang eingesetzten Medikamente und Therapien haben nicht den erwünschten Erfolg gebracht. Ein Hüftersatz ist geplant und der Patient ist bereits auf dem Weg zur Operation. Nun wird der einen Gruppe mitgeteilt, dass der Fall nochmals geprüft und festgestellt wurde, dass man versäumt hatte, das Schmerzmittel Ibuprofen zu verabreichen. Die Frage: Was tun Sie? Rufen Sie den Patienten zurück und geben ihm Ibuprofen, oder lassen Sie den Dingen ihren Lauf und der Patient bekommt eine neue Hüfte? Die gute Nachricht ist, dass die meisten Ärzte sich dafür entschieden, den Patienten zurückzurufen und das Schmerzmittel auszuprobieren.

Der anderen Gruppe von Ärzten wurde mitgeteilt, dass eine Prüfung des Falls ergeben habe, dass zwei Medikamente nicht ausprobiert wurden: Ibuprofen und Piroxicam. Fast die gleiche Frage: Was tun Sie? Lassen Sie den Patienten in den OP transportieren oder rufen Sie ihn zurück? Doch diesmal ist die Reaktion anders: Den Patienten zurückzuholen, erscheint plötzlich kompliziert. Welches Medikament sollen Sie ausprobieren, wenn Sie ihn zurückrufen? Es muss mit einem Mal ein weiteres Problem gelöst werden. Die bereits getroffene Entscheidung für die Operation durchzuziehen, erscheint vor diesem Hintergrund als die einfachere Option. Die Mehrheit der Ärzte schickt den Patienten auf den Operationstisch.

Bei nüchternem Abwägen würde kein Mediziner einer Operation den Vorrang gegenüber einer Therapie mit Piroxicam oder Ibuprofen geben und statt Pillen Hüftersatz verordnen. Aber diese klare Einsicht gerät unter dem Druck der Situation aus dem Blick. Zwei einfache Stellschrauben reichen aus, die Entscheidung von der irrationalen auf die rationale Seite zu befördern. Die erste Stellschraube: Legen Sie in einer solchen, offensichtlich unangenehmen Entscheidungssituation den Pause-Modus ein und rufen Sie sich die Prioritäten ins Bewusstsein. Die Aufstellung des Operationsplans und die Organisation insgesamt mögen aufwendig gewesen sein. Es ist aber kein großer Akt, hier einzugreifen – auch wenn Sie natürlich den Laden in Gang halten möchten. Die Zukunft des Patienten hat eindeutig Vorrang. Wenn Sie den Patienten erst einmal aus dem laufenden Programm herausgeholt haben, können Sie die weiteren Entscheidungen mit kühlem Kopf treffen. Diese Erkenntnis lässt sich natürlich auch auf den alltäglichen Wahnsinn im Büro übertragen.

Die zweite Stellschraube zur Herstellung von Entscheidungskompetenz klingt im vorigen Absatz bereits an: Gliedern Sie eine unüberschaubare, schwer lösbare Situation in aufeinanderfolgende Schritte! Im Fall der zwei zur Auswahl stehenden Medikamente kommt es zu einer veritablen Denkblockade. Weil nicht sofort eine Lösung zur Hand ist, wird der Status quo hingenommen, die Ärzte klinken sich aus der Entscheidung aus und lassen die Dinge ihren Gang nehmen. Der Fehler besteht darin, eine etwas komplexere Situation wie eine simple Rechenaufgabe lösen zu wollen. Teilt man das Ganze in verdauliche Portionen, wird es mit einem Mal ganz einfach: Patient zurückrufen – Medikament 1 ausprobieren – dann Medikament 2. Will man unter Zeitdruck alles mit einem Handstreich lösen, kommt es zum Kurzschluss im kognitiven System. Man manövriert sich ins Aus.

Glaube versetzt Logik

Der ungarische Arzt Ignaz Philipp Semmelweis gilt aufgrund seiner Studie über Kindbettfieber aus dem Jahr 1847 als Pionier der Hygiene, zahlreiche Kliniken sind nach ihm benannt. Als er seine erste Stelle antrat, in der Geburtsstation des Allgemeinen Krankenhauses in Wien, herrschte dort eine enorm hohe Sterblichkeitsrate: Zwischen 10 und 20 Prozent der Mütter starben kurz nach der Geburt, obwohl diese ohne Komplikationen verlaufen war. Dem jungen Arzt fiel auf, dass die Frauen geradezu darum flehten, auf eine andere Station verlegt zu werden, die von Hebammen betreut wurde und auf der keine Medizinstudenten ausgebildet wurden. Semmelweis brauchte ein Jahr, bis er das Unfassbare begriff: Die Studenten kamen vom Sezieren in der Pathologie und infizierten die Wöchnerinnen mit Keimen, die sie von dort mitgebracht hatten.

Die Gegenmaßnahme war denkbar simpel und erscheint uns heute völlig selbstverständlich: Vor der Untersuchung der Frauen mussten sich die Beschäftigten des Krankenhauses die Hände waschen. Die Durchsetzung traf allerdings auf erhebliche Widerstände. Aber Semmelweis machte Druck. Nach einem Monat war die Sterblichkeit auf drei Prozent gesunken, nach zwei Jahren lag sie bei einem Prozent. So weit die Logik. Wirksam wurde jedoch die Macht der überkommenen Vorstellungen: Semmelweis wurde entlassen, seine Ratschläge wurden nicht übernommen. Der Grund: Sie entsprachen nicht der herrschenden Lehrmeinung. Und was noch schwerer wog: Seine Erklärung der Todesfälle machte die Ärzte zu Schuldigen. Die Folgen waren tragisch, nicht nur für die Frauen. Der engagierte Aufklärer kam mit dieser Ignoranz und Ablehnung psychisch nicht klar. Er entwickelte eine Phobie vor Ansteckung, wurde in eine Nervenheilanstalt eingewiesen – und starb dort an eben den Keimen, deren todbringende Gefahr er als Erster erkannt hatte.

Seit Peter Wasons Arbeiten zur Bestätigungstendenz hat eine Vielzahl empirischer Studien die kognitive Verzerrungskraft des sogenannten Glaubensvorurteils (*belief bias* oder *confirmation bias*) nachgewiesen. US-amerikanische Forscher untersuchten jeweils gleich große Gruppen, die in aufgeheizten Grundsatzdiskussionen konträre Positionen vertraten, zum Beispiel zur Abschreckungswirkung der Todesstrafe oder zur Gefährlichkeit des Waffenbesitzes. Dazu legte man ihnen (fiktive) Studien mit Zahlenmaterial und Argumenten vor, die einmal die Befürworter, das andere Mal die Gegner stützten. Mussten die Probanden sich mithilfe kurzer Zusammenfassungen unter Zeitdruck entscheiden, trat die Wirkung des Ankereffekts zutage: Es gab leichte Verschiebungen im Meinungsbild, jeweils in Richtung der zuerst vorgelegten Studie. Gab man den Befragten jedoch mehr Zeit und Informationsmaterial, pendelte das Meinungsspektrum wieder in den Anfangszustand zurück. Es wurden jene Details der Studien behalten und als relevant eingeschätzt, die der mitgebrachten Meinung entsprachen. Alles andere wurde in Zweifel gezogen, uminterpretiert oder ganz einfach vergessen. Wie ist das möglich?

Die bildgebenden Verfahren der Neurowissenschaften haben in den letzten Jahren eine hirnphysiologische Erklärung in die Diskussion gebracht. Ein Team um den Psychologen Drew Westen von der Emory University in Atlanta schob im Oktober 2004 Versuchsteilnehmer in die Röhre eines Magnetresonanztomografen und befragte sie zu den Wahlversprechen der konkurrierenden Präsidentschaftskandidaten George W. Bush und John Kerry. Man hatte 15 überzeugte Republikaner und ebenso viele ebenso standfeste Demokraten ausgewählt. Die MRT-Bilder zeigten: Nur bei der Präsentation von Daten oder Behauptungen, die der eigenen Überzeugung entsprachen, wurden bestimmte Hirnregionen aktiviert, die auf eine emotionale Besetzung hinweisen. Bei allen anderen Informationen blieb diese Resonanz schlicht aus.

Wir behandeln neue Informationen oder Hypothesen alles andere als gleich und unvoreingenommen. Gegenüber Ideen und Details, die mit unserem Glauben übereinstimmen, sind wir tendenziell unkritisch. Sie erscheinen uns schnell plausibel. Fakten und Meinungen, die unseren Annahmen und Überzeugungen widersprechen, haben einen schweren Stand. Wir neigen dazu, überkritisch zu sein.

Das Arsenal unserer Abwehrstrategien ist groß und wirkungsvoll. Ulrich und Johannes Frey, die ein spannendes Buch über Denkfehler in der Wissenschaft geschrieben haben – unter anderem kann man dort das Semmelweis-Beispiel nachlesen –, listen die typischen Verhaltensmuster auf, wenn eine Theorie infrage gestellt wird: »Dem Kritiker werden Hintergedanken unterstellt. Daten werden aus dem Zusammenhang gerissen und zugunsten der eigenen Theorie missverstanden, vergessen, ignoriert, geleugnet oder umgedeutet. Die Bedeutung der Daten wird heruntergespielt, ihre Herkunft angezweifelt.« Und hier geht es wohlgemerkt um Wissenschaft. Im Alltag spielen Argumente und Belege bei Weitem nicht die gleiche Rolle. Da schlägt der Effekt noch ungebremster durch. So kommt es dann, dass Führungskräfte Ergebnisse der Marktforschung, die nicht mit ihren Ansichten und Erwartungen übereinstimmen, kurzerhand in den Papierkorb befördern.

Der Kognitionspsychologe Jonathan Evans hat in einer Studie nachgewiesen, dass das Glaubensvorurteil auch auf unseren Umgang mit der Logik wirkt. Seine Probanden sollten bei einer Menge von Satzfolgen nach dem klassischen Prämisse-Konklusions-Schema bestimmen, ob der Schluss gültig ist. Ein typisches Beispiel lautet:

Alle Menschen sind sterblich.
Jonathan Evans ist ein Mensch.
Also ist er sterblich.

Dieser Schluss ist korrekt. Dass Voraussetzung und Folgerung darüber hinaus auch noch einsichtig erscheinen, hat mit der formalen Gültigkeit erst einmal nichts zu tun. Evans setzte seinen Versuchspersonen nun einen bunten Mix vor: formal korrekte Schlüsse, die zu inhaltlich unglaubwürdigen Schlussfolgerungen führten, ungültige Argumente, deren Konklusion jedoch annehmbar erschien – und umgekehrt. Ergebnis: Die Glaubwürdigkeit des Ergebnisses überlagerte die Wahrnehmung der logischen Korrektheit. Erschien das Ergebnis annehmbar, wurden auch ungültige Schlüsse eher akzeptiert. Stieß das Ergebnis auf Ablehnung, unterstellte man auch korrekten Argumenten logische Fehler. Eine weitere Forschergruppe kam bei einem ähnlichen Versuch mit glaubwürdigen und unglaubwürdigen Prämissen zu dem gleichen Ergebnis.

Ob etwas in unser Weltbild passt, ist für uns entscheidender als die Frage, ob ein Gedanke logisch sauber formuliert ist. Trotzdem sollen im folgenden Kapitel die sechs wichtigsten Fehlschlüsse kurz vorgestellt werden.

Irren ist menschlich

Der »Crash-Prophet« Roland Leuschel hat – einsam auf weiter Flur – die Kurseinbrüche von 1987 und 2008 vorhergesehen. Im März 2011 sagte er in einem Interview mit der *Welt* einen bevorstehenden weiteren Absturz voraus. War aus seiner erwiesenen Kompetenz zu schließen, dass er recht behalten würde? Die Antwort ist: Nein. Es gibt gute Gründe, seine Meinung ernst zu nehmen. Aber ein logischer Schluss ergibt sich daraus nicht. Wer derart argumentieren würde, beginge einen sogenannten genetischen Fehlschluss, den ersten unserer sechs Irrtumstypen:

(1) Von der Quelle auf die Gültigkeit schließen

Die logische Validität und der Wahrheitsgehalt beziehen sich ausschließlich auf das »Was« einer Aussage; hier zählt weder, wer etwas sagt, noch, wie er das tut. Selbst wenn Warren Buffett Anlagetipps gibt, kann er danebenliegen (wie man gesehen hat) – trotz einer bis vor Kurzem ungetrübten Erfolgsgeschichte. Aber nun aus seinen aktuellen Misserfolgen zu schließen, dass seine Analysen wertlos sind, ist ebenso unlogisch. Ob Aussagen über die Börsenentwicklung zutreffend sind, entscheidet sich auf dem Parkett. Ob ein Argument gültig ist, hängt von seiner logisch korrekten Form ab.

»Wer schreit, hat unrecht«, heißt es so schön. Doch auf die Präsentationsform kommt es hier eben nicht an. Ein korrekter Beweis wird durch Stottern nicht ungültig. Zweifellos kann man auf diese Weise die Wirkung und Überzeugungskraft des eigenen Auftritts erheblich schmälern – aber das sind Fragen der Rhetorik, und um die geht es hier nicht. Etwas ist nicht deshalb wahr, weil »man es schon immer so gehalten hat«, und auch nicht, weil »es gerade erst entdeckt wurde«.

(2) Baufehler

Stellen Sie sich vor, jemand behauptet: »Ich lüge nie. Also versteht sich von selbst, dass ich auch jetzt die Wahrheit sage.« Hier merkt jeder: Da stimmt etwas nicht. Steckt die Konklusion bereits in der Prämisse, spricht man von einem Zirkelschluss. Schwerer ist der Irrtum zu erkennen, wenn von der vernünftigen Annahme, Bedarf führe zu Nachfrage, geschlossen wird, dass der Erfolg eines bestimmten Produkts zeige, welcher Bedarf danach bestehe. Der Erfolg kann zufällig sein, sich im Sog eines anderen Effekts ergeben haben oder auf eine effektive Werbekampagne zurückgehen.

Hier tritt übrigens zugleich ein zweiter klassischer »Baufehler« zutage: Mehrdeutigkeit. Der Begriff »Bedarf« ist nicht klar genug. Sind materielle Bedürfnisse gemeint oder auch Konsumentenwünsche im weitesten Sinn? Die meisten Dauerbrenner in der Diskussionslandschaft kreisen um solche mehrdeutigen Begriffe: Freiheit, Armut, Gerechtigkeit, Fortschritt, Globalisierung ... Oliver Stengel schreibt in *Vorsicht! Denkfehler:* »Ein Begriff darf in einer Argumentation nicht seinen Bedeutungsgehalt wechseln. Das ist gleichbedeutend mit einem plötzlichen Themenwechsel inmitten der Argumentation und daher unangebracht.«

(3) Vom Sein aufs Sollen schließen – und umgekehrt

Es führt kein logischer Weg von Tatsachenaussagen zu Wertaussagen – nur der Taschenspielertrick, dass man schnöden Fakten hehre Werte untermogelt. Wer biologische Erkenntnisse mit der Aura des »Natürlichen« und damit Richtigen versieht, kommt zu Fehlschlüssen wie: »Wir Menschen sind Allesfresser, deshalb ist es falsch, Vegetarier zu sein«, »Sexualität dient der Fortpflanzung, deshalb sind Verhütungsmittel abzulehnen« oder »Der Mensch ist ohne Flügel zur Welt gekommen, deshalb sollte er nicht fliegen«.

Der sogenannte naturalistische Fehlschluss mit seinem direkten Ableiten des Normativen aus dem Faktischen ist ebenso ein Klassiker wie sein Pendant, der normative Fehlschluss, der vom Sollen auf das Sein zurückschließt. Er nimmt zwei Formen an: »X soll sein, also ist x« und »X soll nicht sein, also ist x nicht«. Sprichwörtlich ist Christian Morgensterns Palmström-Strophe aus dem Jahr 1910: »Und er kommt zu dem Ergebnis: Nur ein Traum war das Erlebnis. Weil, so schließt er messerscharf, nicht sein kann, was nicht sein darf.«

Es liegt auf der Hand, dass eine solche Haltung der unvoreingenommenen Forschung und Wahrheitsfindung nicht förderlich ist. Oliver Stengel erzählt in diesem Zusammenhang ein bedrückendes Stück Wissenschaftsgeschichte: Der Genetiker Trofim Lyssenko stieß mit seiner Variante der Vererbungslehre, die die Vererbung erworbener Eigenschaften postulierte, auf offene Ohren bei den sowjetischen Machthabern. Sie passte einfach besser in ihr Konzept zur Formung des neuen Menschen. Stalin protegierte Lyssenko und setzte seine Ansichten durch, dazu gehörten manipulierte Daten und deportierte Kollegen. Die falsche Theorie herrschte im Schatten der Macht 25 Jahre lang unangefochten.

(4) Falsche Verknüpfungen von Ursache und Wirkung

Wir sind geradezu biologisch darauf programmiert, Wirkungszusammenhänge zu erkennen, denn diese Fähigkeit ist für unser Leben und Überleben elementar. Kein Wunder, dass wir dann auch bisweilen Ursache-Wirkungs-Beziehungen sehen, wo gar keine sind. Eine räumliche und/oder zeitliche Nähe von Ereignissen wird vorschnell als kausaler Zusammenhang gedeutet. Womöglich ist das Zusammentreffen aber rein zufällig – wie bei der Korrelation zwischen der Storchenpopulation und der Geburtenrate in einem Dorf. Oder beide Ereignisse gehen auf ein drittes zurück – so ist der Blitz nicht die Ursache des Donners, sondern beide sind Folge einer elektrischen Entladung. Der Abfolgeeffekt entsteht dadurch, dass der Schall länger braucht als das Licht, um den Beobachter zu erreichen.

Fehlurteile können auch entstehen, wenn wir Ursachen zwar richtig erkennen, aber nicht korrekt einstufen oder weitere Faktoren übersehen. Ein Geschäft ist nicht nur sonntags geschlossen, die Türen können auch an Feiertagen verriegelt sein, wegen Betriebsferien oder kurzfristig aus familiären Gründen. Wenn wir unseren Wagen nicht wiederfinden, müssen nicht zwingend Autodiebe am Werk gewesen sein. Vielleicht wurde er abgeschleppt – oder wir haben einfach den Parkplatz falsch in Erinnerung. Von einer nassen Straße können wir nicht verlässlich auf einen vorhergegangenen Regenschauer schließen. Möglicherweise ist ein Reinigungsfahrzeug durchgefahren.

Eine weitere Kategorie von Urteilen irrt sich in der Zuordnung von Ursachen zu (vermeintlichen) Wirkungen. Naturvölker öffnen Körbe und Gefäße, um eine anstehende Geburt zu erleichtern, sie tanzen oder bringen Opfergaben, um Regen herbeizuführen. Aber auch Theorien, die vom Ziel oder Zweck einer Entwicklung her denken, tappen in diese Falle. Manche Marxisten halten einen quasi naturgesetzlich ablaufenden historischen Prozess für die Ursache gesellschaftlicher Phänomene. Orthodoxe Evolutionstheoretiker sehen in lebenden Organismen, auch in den Menschen, lediglich Nebeneffekte einer sich entfaltenden genetischen Logik. Und manch ein argloser Konsument denkt, dass die Natur den Lachs nur hervorgebracht hat, um unsere kalten Buffets attraktiver zu machen. Doch damit sind wir schon fast bei der nächsten Kategorie.

(5) Vom Einzelnen aufs Allgemeine schließen – und umgekehrt

»Ich war mit meiner Freundin in San Francisco, die Amerikaner sind ja so was von liberal und esoterisch angehaucht!« »An Rechtsanwälte und Lehrer vermiete ich nicht. Mit denen hat man nur

Scherereien.« – So prägend hier bestimmte Erlebnisse auch gewesen sein mögen, der Schluss aufs Allgemeine ist nicht gültig. Das gilt auch umgekehrt. Eine Diagnose, die mit einer durchschnittlichen Lebenserwartung von einem halben Jahr verbunden ist, bedeutet nicht, dass ein konkreter Patient in sechs Monaten sterben wird. Innerhalb der Gruppe der Betroffenen schwankt die tatsächliche verbleibende Lebenszeit womöglich zwischen wenigen Tagen und mehreren Jahren. Erst im Durchschnitt ergibt sich der mitgeteilte Wert.

Ebenso verhält es sich mit dem Schluss von Teilen aufs Ganze und umgekehrt. Sie sind nicht logisch gültig. Die von Soziologen alle paar Jahre neu ausgerufenen Generationen (No-Future-Generation, Generation Golf, Generation Doof, Generation X …) und Zeitgeistakteure (Homo faber, Homo ludens, Homo sociologicus, der flexible Mensch …) sind durchaus faszinierende Deutungsmuster. Wer sie jedoch als getreues Bild der Gesellschaft sieht, ihnen verursachende Wirkungen zuschreibt oder sie in einzelnen Menschen wiedererkennen will, ist auf dem Holzweg.

(6) Von der Vergangenheit auf die Zukunft schließen

»Ich habe meine Jugend in Schleswig-Holstein verbracht. Kühe sind schwarz-weiß.« »Unser Unternehmen ist in den letzten zehn Jahren kontinuierlich gewachsen. Ich gehe davon aus, dass das so bleibt.« »Vom Kollegen Maier ist noch nie eine sinnvolle Anregung gekommen. Seinen Bericht können sie ungelesen zu den Akten legen.« – Der induktive Fehlschluss und seine Gefährten gehören zu unserem täglichen Brot. Private Erwartungen, wirtschaftliche Prognosen und wissenschaftliche Forschung sind nicht möglich ohne jene Hypothesen, die wir aus unseren Erfahrungen gewinnen, also durch Induktion. Sie haben jedoch nicht die gleiche Zuverlässigkeit wie jene klassischen Bilderbuchschlüsse, die durch logische Ableitung, also Deduktion, gewonnen werden: »Alle Menschen sind Zweibeiner. Aristoteles ist ein Mensch. Also ist er ein Zweibeiner.«

Leider sind die riskanten induktiven Schlüsse meist viel interessanter.

Neben der Ursachensuche ist die Extrapolation unsere wichtigste Erkenntnistechnik. Wir versuchen in Situationen jene Elemente herauszufinden, die wir mit einer gewissen Plausibilität in die Zukunft fortschreiben können. Diese Technik konnten wir im Laufe der Evolution und der Zivilisation erheblich verbessern. Generationen von Versuch und Irrtum haben in vielen Bereichen eine realistische Erwartungshaltung geschaffen. Technische Hilfsmittel, Berechnungen, Szenarios und der Test durch Falsifikationsstrategien haben unsere Ergebnisse verbessert. Zugleich werden die Vereinfachungs- und Verzerrungseffekte unseres Wahrnehmens und Denkens immer deutlicher. In vielen Bereichen sind wir von der erhofften Zuverlässigkeit weit entfernt. Der Statistiker Walter Krämer meint: »Trendextrapolierer sind Autofahrer, die nachts ohne Licht auf einer geraden Straße fahren – sie haben nur so lange Glück, wie keine Kurve kommt.«

Die Wirtschaftsgeschichte ist voller Entscheider, die die nächste Kurve nicht gesehen haben. Edison sperrte sich gegen den Wechselstrom und setzte damit sein beispielloses Technologieunternehmen aufs Spiel. Die Deutz AG sah keinen Markt für Personenkraftwagen und so machte sich Gottlieb Daimler selbstständig. IBM konnte keinen Markt für Personal Computer erkennen und so gingen die jungen Garagentüftler ihre eigenen Wege. Und Steve Ballmer von Microsoft hielt unlängst das iPhone für ein »ganz gewöhnliches Telefon«.

Selbstvertrauen ist gut – Kontrolle ist besser

Ordnen Sie Ihre Fähigkeiten jeweils auf der folgenden Fünf-Punkte-Skala an: nicht vorhanden – unter Durchschnitt – Mittelmaß – über Durchschnitt – vorbildlich.

(1) Wie schätzen Sie auf der Skala Ihre Fähigkeit zur rationalen Entscheidung in Stresssituationen ein?

(2) Wie viel wissen Sie über Tiere, die in der Wüste leben?

(3) Wie gut fahren Sie Auto?

(4) Wie schätzen Sie Ihre fachliche Kompetenz – auch im Vergleich mit Ihren Kollegen – ein?

(5) Wie gut sind Sie über politische Ereignisse in der Bundesrepublik informiert?

(6) Wie gut sind Sie über Strategien und Potenziale konkurrierender Unternehmen informiert?

Lösung: Ob die Antworten richtig sind, können nur Sie selbst wissen. Das folgende Kapitel sollte Ihnen jedoch dabei helfen, sich selbst besser einzuschätzen.

Wie Befragungen ergaben, halten sich 90 Prozent der amerikanischen Professoren für besser als ihre Fachkollegen. In der Schweiz gibt es fast ausschließlich überdurchschnittliche Richter – wenn man sie selbst fragt. Ein offensichtlicher Irrtum, denn es kann rein statistisch nicht der Realität entsprechen. Mehr als 80 Prozent der Männer denken, sie seien gute Autofahrer. Bei der Frage, ob sie sich für gute Liebhaber halten, wird man vermutlich ähnliche Resultate erzielen. Wir glauben ernsthaft, dass ausgerechnet uns weniger schlechte Dinge wie Pleiten und Infarkte zustoßen werden als unseren Mitmenschen – und überdurchschnittlich viele gute wie eine glückliche Ehe und ein guter Job. Rationale Personen meinen, sie seien hundertprozentig rational. Redner sind überzeugt davon, dass sie das, was sie predigen, auch leben. Die Strategieberater Edward Russo und Paul Schoemaker kommen zu dem Fazit: »Die Sichtweise der meisten Menschen (auch die eigene) ist verzerrt durch übermäßiges Selbstvertrauen.«

Allerdings kann es teuer und verhängnisvoll werden, wenn man aus purer Selbstüberschätzung die Konkurrenz ignoriert oder eine Fabrik mit falsch berechneten Kapazitäten in die Landschaft setzt. Shell hatte in den 1970er-Jahren Probleme mit seinen jungen Geologen. Man hatte die Besten der Besten ausgesucht, aber sie waren viel zu optimistisch, was die Trefferquote von Probebohrungen anging. Das kostete den Konzern Millionen, bis man die Spezialisten bei Schoemaker und Russo in ein Training zur verbesserten Selbsteinschätzung schickte. Experten sind sich heute einig, dass Selbstüberschätzung eine wesentliche Rolle bei der Reaktorkatastrophe von Tschernobyl spielte. Eine Elitetruppe sowjetischer Ingenieure hatte das Kraftwerk jahrelang erfolgreich betrieben. Kurz bevor es hochging, schalteten sie auf Handbetrieb und stellten die störenden Kontrollleuchten aus – in dem Irrglauben, die Anlage aufgrund ihrer Erfahrung »intuitiv« steuern zu können.

»Manchmal ist die Reflexion über unseren Wissensstand entscheidender als die Menge der Informationen, über die wir verfügen«, meinen Russo und Schoemaker. »Zu wissen, wann man einen Doktor oder einen Anwalt konsultieren muss, ist wichtiger als die eigenen medizinischen und juristischen Fachkenntnisse. Es ist eine Frage des Metawissens, wann man zu dem Entschluss kommt, dass man genug Informationen gesammelt hat und nun handeln kann. Liegt man hier falsch, sind kostspielige Fehler unvermeidlich. Nur wenn wir die Grenzen unseres eigenen Wissens akzeptieren, sind wir vernünftigerweise in der Lage, mehr und bessere Informationen zu beschaffen.«

Um diese realistische Selbsteinschätzung ist es offensichtlich schlecht bestellt. Die Entscheidungsforscher haben in den 1980er-

Jahren rund 2000 Managern aus verschiedenen Bereichen – Industrie, Bankwesen, Werbung – Fragen zur eigenen Branche und zur Gesamtwirtschaft vorgelegt. Getestet werden sollte nicht nur ihr Wissen, sondern vor allem ihr Bewusstsein des eigenen Wissensstands. Die Trefferquote erreichte zum Teil Rateniveau (50 Prozent). Noch verheerender war der Befund zur Selbsteinschätzung. Gerade einmal ein Prozent der Manager verfügte über ein adäquates Metawissen. Jede Gruppe glaubte, dass sie mehr über ihre Branche oder ihr Unternehmen wusste, als tatsächlich der Fall war. Die Diagnose unreflektierter Selbstüberschätzung: 99 Prozent.

Um vernünftige und zukunftsfähige Entscheidungen zu treffen, brauchen wir ein Verständnis für die Grenzen unseres Wissens. Ohne dieses Metawissen sind wir nicht in der Lage, zu entscheiden, ob wir die Situation weiter sondieren müssen oder ob wir zum Handeln übergehen können. Welche Qualität haben Entscheidungen, die auf zu optimistischen Schätzungen basieren, von Leuten, die nicht wissen, welche Informationen ihnen fehlen, und die es auch nicht zugeben würden, wenn sie es ahnten?

Unsere Tendenz zur Selbstüberschätzung wird durch den sogenannten Rückschaufehler noch stabilisiert. Erfolgserlebnisse saugt unser Gedächtnis geradezu auf, Misserfolge werden ebenso zuverlässig umgedeutet beziehungsweise in ihrer Bedeutung abgewertet oder schlicht vergessen. Ist etwas wirklich gut gelaufen, wertet unser Ego den eigenen Anteil auf. Ging etwas daneben, lag es an »den Umständen«, an »den anderen« – oder wir haben es plötzlich »schon immer gewusst«. Besorgniserregend ist der Hard-easy-Effekt: Während wir bei kleineren und leichteren Aufgaben durchaus Selbstzweifel haben, regiert in unübersichtlichen und schwerwiegenden Entscheidungssituationen die Selbstüberschätzung.

Schoemaker und Russo sind sicher, dass man sein Metawissen effektiv verbessern kann. Grundvoraussetzung ist das Bewusstsein um die Notwendigkeit der eigenen Kalibrierung. Wichtig sind kurz getaktete Feedbacks, ehrliche Fehleranalysen sowie die Einbeziehung von Gegenargumenten und Problemerweiterungen. Die beiden Forscher haben auch – zum Teil auf bestimmte Branchen zugeschnittene – Trainings entwickelt, in denen man die Sicherheit des eigenen Wissens besser zu bestimmen lernt. Lässt sich der eigene Informationsstand in Prozentzahlen oder geschätzten Größenordnungen ausdrücken, kann zuverlässiger entschieden werden, ob man zur Tat schreiten kann, sich besser informieren muss oder ob man sich Hilfe von außen holen sollte.

Die Trainingsfragen haben übrigens die gleiche Form wie die hier folgenden. Dabei geht es nicht darum, abzufragen, ob Sie die korrekten Angaben parat haben. Die Antworten zeigen vielmehr Ihre Fähigkeit, den Grad Ihrer Unwissenheit zu reflektieren. Vor allem die letzten beiden kann man auch dann richtig beantworten, wenn man nicht die geringste Ahnung hat. Bemerkenswert ist, wie wenigen dies gelingt, obwohl sie allein sich selbst Rechenschaft zu geben haben und nichts auf dem Spiel steht.

Welche Stadt liegt weiter im Norden: Rom oder New York? Welcher Prozentsatz drückt den Grad Ihrer Zuversicht über die richtige Antwort aus?

25 % 50 % 75 % 90 % 100 %

Geben Sie eine Schätzung ab, zwischen welchen Werten (in Tonnen) das durchschnittliche Gewicht einer leeren Boeing 747 liegt. Wählen Sie Zahlen, die weit genug voneinander entfernt sind, sodass Sie zu 90 Prozent sicher sein können, dass die korrekte Zahl irgendwo dazwischen liegt.

Hoch _______ Niedrig _______

Geben Sie nun eine Schätzung über den Durchmesser des Mondes ab. Wählen Sie Kilometerangaben, die weit genug voneinander entfernt sind, sodass Sie zu 90 Prozent sicher

sein können, dass die korrekte Zahl irgendwo dazwischen liegt.

Hoch _______ **Niedrig _______**

Rom liegt nördlicher als New York.
Eine durchschnittliche Boeing 747-400 hat ein Leergewicht von rund 18 Tonnen.
Der Durchmesser des Mondes beträgt 3476,6 Kilometer.

Aus der Hüfte schießen – oder zielen?

Als der Chef hörte, dass Giovanni Basile, der Geschäftsführer des italienischen Büros, gekündigt hat, um seine eigene Beratungsfirma aufzumachen, sagte er zum Personalchef: »Stellen Sie wieder einen Italiener an! Giovanni hat einen Superjob gemacht, während Hans Huber, sein deutscher Vorgänger, eine richtige Pleite war.«

Haben Sie Probleme mit dieser Art der Argumentation? Die grundlegende Regel lautet: Ziehen Sie nicht voreilig irgendwelche Schlüsse! Gewöhnen Sie sich stattdessen daran, Fragen zu stellen: Ist das Beispiel, das zur Begründung herangezogen wird, repräsentativ? Ist die Menge an Daten groß genug, um daraus zu haltbaren Schlussfolgerungen zu gelangen? Gibt es inhaltliche Ungereimtheiten oder Gegenbeispiele? Wir haben eine sehr starke Tendenz, Schlussfolgerungen zu ziehen, die von den Daten gar nicht gestützt werden. Beispielsweise treffen wir Verallgemeinerungen auf der Basis von einigen wenigen, nicht repräsentativen Fällen.

Max Bazerman, Professor für Business Administration an der Harvard Business School, hat in seinem Klassiker *Judgement in Managerial Decision Making* die Ergebnisse der Verhaltensökonomie und Entscheidungsforschung auf die wirtschaftliche Praxis heruntergebrochen. Er zeigt, dass wir unsere Entscheidungskompetenz im geschäftlichen Alltag erheblich verbessern können, indem wir uns – ganz analog zu einer bewussten und kritischen Selbsteinschätzung – Metawissen über den Aufbau und die Bewertung von Entscheidungsprozessen aneignen. Eine unter mehreren zielführenden Strategien ist dabei die Orientierung an einem Modell rationaler Entscheidung:

Anatomie der Entscheidung:
- Das Problem definieren
- Bewertungskriterien festlegen
- Kriterien gewichten

- Verschiedene Lösungsmöglichkeiten skizzieren
- Alternativen gemäß dem Kriterienkatalog bewerten
- Optimale Lösung ermitteln

Wie bei der Frage logischer Schlüsse bewegen wir uns hier auf einer abstrakten Ebene, wo es um Vorschriften geht, wie etwas ablaufen sollte. Alltagstauglich wird unser Verbesserungskatalog, wenn wir Beschreibungen hinzunehmen, wie Entscheidungen tatsächlich ablaufen. Dann kommen die Verzerrungsfaktoren in den Blick, die wir schon kennengelernt haben: Rahmen- und Ankereffekt, Selbstüberschätzung und Rückschaufehler, Verwenden der verschiedenen Heuristiken usw. Bazerman schlägt deshalb sechs voneinander unabhängige Strategien vor, die wir permanent trainieren sollten, um unsere Entscheidungskompetenz voranzubringen:

Verbesserung von Entscheidungsprozessen

- Methoden der Entscheidungsanalyse einsetzen:
  Werden objektive Standards erfüllt?
- Selbst Fachmann werden:
  Passen Argumente und Lösungsversuche zum fundierten Wissen?
- Die eigene Wahrnehmung auf Verzerrungen checken:
  In welche Richtung muss ich meine Erwartungen korrigieren?
- Das vorliegende Problem in einen anderen Kontext übertragen:
  Erscheint das Grundproblem in einem anderen Licht, wenn ich es aus der konkreten und brisanten Situation herauslöse?
- Den Standpunkt eines Außenstehenden einnehmen:
  Wie wirkt das, was wir gerade tun, auf einen Unbeteiligten?
- Die Verzerrungen in der Sichtweise der Beteiligten analysieren:
  Wo sehe ich bei den anderen Selbstüberschätzung, Schönrechnen, Auf-den-Leim-Gehen?

Neben der Performance bei einem gerade anstehenden Entscheidungsnotstand geht es also realistischerweise um den langfristigen

Erwerb einer grundlegenden Kompetenz. Dazu braucht man Durchblick und langen Atem. Hier ist auch das entsprechende Zeitmanagement gefragt: Entscheidungen werden oft übereilt getroffen. Sie werden nicht selten so lange aufgeschoben, bis sie ad hoc geschehen müssen. Das erspart Nachdenken – aber nicht die Folgekosten. Es gilt die naturgegebene Tendenz zu überwinden, aus der Hüfte zu schießen, die ersten vorgeschlagenen, also erstbesten Lösungen zu verankern und nur mit den Informationen zu arbeiten, die gerade zur Verfügung stehen. Wer mehr Zeit investiert, um die Rahmenbedingungen der Aufgabe und des Prozesses abzustecken, kann später viel Zeit sparen und die Qualität der Entscheidung erhöhen, nach dem Motto »Vorbereitungszeit verdoppeln – Ausführungszeit halbieren«. Siegreiche Feldherren gewinnen erst und ziehen dann in den Krieg, während normale Krieger erst einmal losziehen und dann versuchen, irgendwie zu gewinnen.

Seien Sie sich der Tendenz bewusst, dass wir alle Probleme nur durch unsere Brille wahrnehmen! Das ist auch der Grund, warum wir als CEO jemanden wollen, der »das große Bild« sieht. Die Rahmenbedingungen haben einen mächtigen Einfluss auf den Entscheidungsprozess, deshalb müssen wir uns angewöhnen, zu fragen: Wie stecke ich, wie steckt mein Gegenüber den Rahmen ab? Gibt es andere Wege, die Rahmenbedingungen zu gestalten? Was sind die Auswirkungen von Verankerung und Verfügbarkeit im Bezug auf die Art und Weise, wie ein Meeting gestaltet wird? Sind die Beteiligten wirklich offen für eine gründliche und sorgfältige Abwägung von Themen und Möglichkeiten? Will jemand das Resultat in eine bestimmte Richtung manipulieren?

Argumentationen, die von dubiosen Voraussetzungen ausgehen, können uns zu dubiosen Schlussfolgerungen führen. Gedankengänge können absolut logisch sein – und vollkommen realitätsuntauglich. Die Logik sagt uns, was wir sicher sagen (oder nicht sagen) können – angesichts dessen, was wir aus gutem Grund für wahr halten. Schlechte Prämissen führen zu schlechten Schlussfolgerungen, und oft ist uns gar nicht bewusst, welche Annahmen wir in unserem Entscheidungsgepäck mitschleppen. Nicht umsonst gilt die Annahme als »die Mutter aller Katastrophen«. Es ist offensichtlich wichtig, sie genau zu prüfen. Die meisten Wracks am Wegesrand von Entscheidungsprozessen sind traurige Mahnmale falscher Annahmen. Typische potenziell problematische Businessvermutungen sind:

- Die Zukunft wird wie die Gegenwart aussehen.
- Die Strategie ist zentral, die Umsetzung zweitrangig.
- Die Mitbewerber werden nicht in einer wirksamen Weise reagieren.

Es ist in der Regel nicht einfach, unsere Annahmen zu überprüfen, da sie uns oft gar nicht bewusst sind. Umso stärker ist die Wirkungskraft, die sie entfalten, denn gerade dann sehen wir sie nicht nur als Vermutungen, sondern als selbstverständliche und unumstößliche Wahrheiten. Viele haben eine Tendenz, den Alltag durch Formulierungen zu strukturieren wie »Und als Nächstes werden wir …«. Das Gegenmittel sind Fragen nach dem Warum und Fragen nach dem Wie. Um versteckte Annahmen ans Licht zu bringen, gibt es nur den Weg der Reflexion und der kritischen Selbstbeobachtung. Gewöhnen Sie sich an, mit den folgenden Fragen nachzubohren:

- Aufgrund von welchen Daten stelle ich diese Vermutung an?
- Sind diese Daten zutreffend? Sind sie vollständig? Sind sie repräsentativ?
- Gibt es andere mögliche Interpretationen dieser Daten? Wie könnten andere die Situation beurteilen?
- Gibt es eine Möglichkeit, wie ich testen kann, welche Interpretation richtig ist?
- Falls meine Vermutungen sich nicht bestätigen sollten: Wie wirkt sich das auf meine Verhaltensweise aus?

Ebenso wichtig wie unsere Kompetenz und Scharfsichtigkeit ist die Datenbasis, auf deren Grundlage wir Entscheidungen treffen. Quantität und Qualität der Informationen, mit denen wir arbeiten, haben ganz offensichtlich einen reellen Einfluss auf die Qualität unserer Lösungen. Geben Sie sich nicht vorschnell mit dem vorhandenen Material zufrieden! Stellen Sie sicher, dass bestimmte Daten und Ideen nicht unter den Tisch gefallen sind, weil sie nicht ins Bild passen oder weil man den Aufwand gescheut hat, sie zu finden! Ziehen Sie keine Schlussfolgerungen aus den vorliegenden Informationen, ohne den Kernpunkt der Angelegenheit klar vor Augen zu haben! Max Bazerman fasst abschließend drei Punkte zusammen, die helfen, unsere Entscheidungskompetenz zu verbessern:

- Wir sollten eine Vision davon haben, wie ein rationaler Entscheidungsprozess aussieht. So haben wir eine Art Maßband, mit dem wir unseren eigenen Prozess messen können.
- Wichtig ist zudem das Wissen um die Fallen, denen alle menschlichen Argumentationen unterliegen, um damit unsere unkritischen und mit Vorurteilen behafteten Gedankenmuster aufzuspüren und zu entlarven.
- Unbedingt zu empfehlen ist die Übung kritischer Analyse, um unser Denken auf eine unbefangene, vorurteilsfreie Art und Weise vorerst quasi einzufrieren – zumindest so lange, bis das kritische Denken für uns so natürlich ist wie für die meisten Leute das unkritische Denken.

Teil 4

Gewinnnummern und Verlustängste

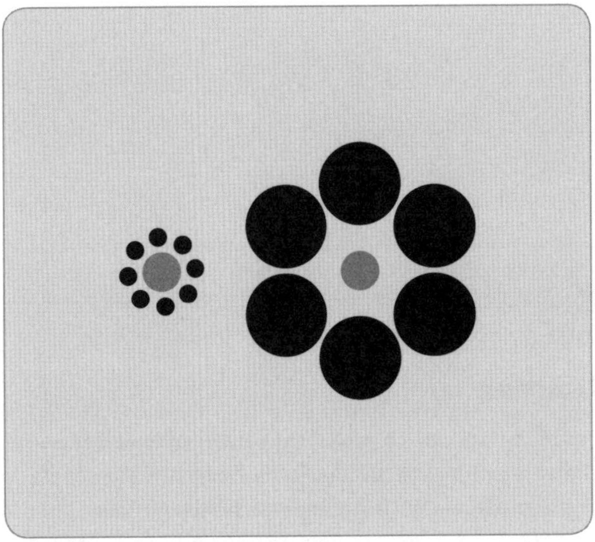

Ebbinghaus-Täuschung: Vergleichen Sie die Größe des mittleren Kreises!

Ebbinghaus-Täuschung

Die Kreise in der Mitte sind gleich groß. Den verzerrenden Einfluss des direkten Umfelds entdeckte der deutsche Gedächtnisforscher Hermann Ebbinghaus (1850–1909). Im angelsächsischen Raum populär wurde der Effekt durch den deutschamerikanischen Psychologen Edward Bradford Titchener (1867–1927). Deshalb ist er auch als Titchener-Täuschung bekannt.

Nie war er so wertvoll wie heute

Das Glück liegt oft in der Relation: Bei den Olympischen Spielen hat sich herausgestellt, dass Bronzemedaillengewinner glücklicher sind als Träger der Silbermedaille. Bronze ist knapp am vierten Platz, dem Nichts, vorbeigeschrammt – was für ein Glück! Der Zweite aber hätte fast Gold gewonnen – so ein Pech! Man kann es auch vollkommen umdrehen. So meinte ein Marathonläufer, der als Erster die Zielgerade erreicht hatte, einmal etwas gönnerhaft: »Da leistet doch der, der nach zwei Stunden durchs Ziel läuft, viel weniger als der, der sich acht Stunden abmüht, um endlich anzukommen.« Auch als Verbraucher haben wir unsere Schwierigkeiten, den Wert verschiedener Dinge einzuschätzen. Es ist nicht einfach, herauszufinden, wie viel Vergnügen einem beispielsweise eine gute Tasse Kaffee bereitet und was ein angemessener Preis dafür wäre. Relativität hilft bei der Entscheidungsfindung.

Sie finden in einem Geschäft einen schönen Füller für 35 Euro. Sie stehen in der Kassenschlange, als Ihnen jemand den Tipp gibt, dass es genau den gleichen Füller direkt um die Ecke für nur 28 Euro gibt. Was tun Sie? Zweites Szenario: Sie stehen wieder an einer Kasse, beispielsweise mit einem iPod für 350 Euro, und werden auf ein Geschäft nebenan hingewiesen, in dem das Gerät 343 Euro kostet. In beiden Fällen liegt die Ersparnis bei sieben Euro. Aber handeln Sie in beiden Fällen gleich? Das Herstellen von Relationen erfolgt nicht immer sonderlich rational. Die einen freuen sich über eine Rückzahlung zu viel bezahlter Heizkosten bei der Abrechnung am Jahresende wie über ein Geschenk, die anderen sind sauer, weil sie gezwungen waren, ein zinsloses Darlehen zu geben.

Beim Autokauf legt manch einer ein paar Hundert Euro mehr für einen speziellen Sitz hin – und tut sich unglaublich schwer, ein Sofa für 400 Euro zu kaufen. »Ich bin froh, dass ich keinen Boxter habe«, bekannte James Hong von der Rating-Seite *Hot or not* der *New York Times*: »Wer einen Boxter fährt, will einen 911er haben, und wissen

Sie, was die Leute mit einem 911er haben wollen: einen Ferrari. Das einzige Mittel, aus der Spirale der Relativität auszubrechen: Er kauft sich einen Toyota Prius.«

Der Internetversand Amazon versendet Waren ab 20 Euro Warenwert gratis. Viele Kunden bestellen allein deshalb zusätzlich etwas (was sie eigentlich gar nicht brauchen). Für den Händler rechnet sich das. Als dieses System weltweit eingeführt wurde, machte man eine Ausnahme: In Frankreich wurden die Portokosten auf einen symbolischen Franc ermäßigt. Obwohl auch das fast gratis war, blieben dort die anderswo verzeichneten Umsatzsteigerungen aus.

Bei Experimenten zur Verhaltensökonomie des MIT Media Lab in Massachusetts hat sich herausgestellt, dass ein Schmerzmittel für 50 Cent besser wirkte als eines für einen Cent – obwohl es sich in beiden Fällen um die gleiche Placebopille handelte. Deshalb macht ein Paar Schuhe für 300 Euro nicht nur psychisch, sondern tatsächlich auch physiologisch nachweisbar glücklicher als ein günstigeres Paar. Wunschdenken wird Wirklichkeit. Denken Sie bei Ihren Einkäufen daran!

Wert ist keine objektive Größe. Wir müssen Dinge und Summen mit Gefühlen, mit bestimmten Situationen, mit Menschen identifizieren. Bei Geldgeschenken fällt das schwer. Es sei denn, der Bankauszug weist Monat für Monat eine höhere Summe aus als beim Erzrivalen. Dan Ariely, Entscheidungsexperte am MIT, erklärte in einem Interview: »Geld ist meist das teuerste Mittel, um Menschen zu motivieren, weil der Effekt nicht lange anhält. Gibt es kein Geld mehr, wird das Lernen eingestellt. Anerkennung motiviert viel besser. Nicht umsonst ist Linux mit seinen ehrenamtlichen Softwareentwicklern eines der wenigen Unternehmen, vor denen Microsoft wirklich Angst hat.«

Eine zentrale Rolle bei der Frage, ob uns etwas wichtig erscheint, spielen Erwartungshaltungen und Projektionen. Dieser Effekt wird bei der Starverehrung besonders deutlich: Je weniger wir von einer

Person wissen, desto mehr schätzen wir sie. Wir füllen unsere Wissenslücken einfach mit Wunschprojektionen auf. Das läuft bei Beziehungsanbahnungen ganz ähnlich ab. Deshalb funktioniert Onlinedating anfangs so gut. Beim ersten Treffen ist die Enttäuschung dann groß, weil wir die Person instinktiv mit unserem Wunschbild vergleichen.

Verluste verhindern

Sie besitzen Aktien der Firma Petroleum & Co. Ihr Börsenmakler ruft Sie an und sagt Ihnen, dass der Wert dieser Aktien stark gestiegen sind, da Gerüchte kursieren, dass sie bald »durch die Decke gehen« werden. Grund ist ein neues Ölfeld, an dem gebohrt wird. Sie können verkaufen und einen sicheren Gewinn von fünf Millionen Euro erwirtschaften oder Ihre Aktien behalten und darauf hoffen, dass die Versuchsbohrungen erfolgreich sein werden. Falls dies zutreffen sollte, werden Ihre Aktien nach Schätzung des Börsenmaklers zwölf Millionen Euro mehr wert sein werden, als sie dafür bezahlt haben. Sind die Bohrungen allerdings nicht erfolgreich, werden Ihre Aktien auf den Wert zurückfallen, den sie damals bezahlt haben. Der Ölspezialist und Analyst Ihres Börsenmaklers schätzt die Chance, dass Öl gefunden wird, auf 50 Prozent.

(1) Werden Sie jetzt verkaufen?
(2) Oder werden Sie die Aktien behalten?

Studien haben gezeigt, dass die meisten verkaufen – aber ist das wirklich rational? Die Art und Weise, wie wir Angelegenheiten einschätzen, beeinflusst unsere Entscheidungsfindung massiv. Geht es bei den Petroleum-Aktien um fünf Millionen Euro sicheren Gewinn oder um sieben Millionen drohenden Verlust (wenn wir heute verkaufen und die Aktie morgen steigt)? Sind wir in gleicher Weise verantwortlich, wenn wir nichts tun (also die Aktien behalten, weil wir nicht wissen, was die richtige Lösung ist)? Was schmerzt uns nach fehlgeschlagener Bohrung mehr: die fünf Millionen Euro, die wir de facto hätten einfahren können, oder die zwölf Millionen, die wir erhofft hatten?

Die Entscheidungsforscher Daniel Kahneman und Amos Tversky sind durch Fragen wie diese einer merkwürdigen Asymmetrie in unserem Verhalten auf die Spur gekommen: In Situationen, in denen wir Verluste verhindern wollen, tendieren wir dazu, risikofreudig zu sein. Risikoscheu sind wir dagegen, wenn es um Gewinn oder Nutzen geht. Auch Sie? Wie beantworten Sie die nächste Frage?

Sie sind Beklagter in einem Rechtsfall, in dem der Kläger auf zehn Millionen Euro klagt. Ihr Anwalt ruft Sie an, um Ihnen mitzuteilen, dass der Anwalt der Klägerseite Ihnen einen Vergleich in Höhe von vier Millionen Euro anbietet. Als Sie Ihren Anwalt fragen, wie Ihre Chancen stehen, dass Sie der gegnerischen Seite keinen Cent zahlen müssen, antwortet er: »Momentan ist es wie ein Münzwurf – 50:50.«

(1) Nehmen Sie den Vergleich an?
(2) Oder kämpfen Sie bis zum Ende?

Die meisten kämpfen. Wenn Sie sich für die Kompromisslösung entschieden haben: Herzlichen Glückwunsch!

Geld versenken

Sie sind der Geschäftsführer der Meister GmbH. Ihr Gesellschafter hat gerade einen Plan präsentiert, wie man die Produkte und Prozesse der Anlage umgestalten kann. Er sagt, dass Sie innerhalb der nächsten fünf Jahre ungefähr zehn Millionen Euro (netto) einsparen und zugleich die Emission dieser Anlage deutlich reduzieren werden, wenn Sie sich an den Plan halten. Ihr Controller widerspricht: »Das ist lächerlich. Was ist mit der Filteranlage für fünf Millionen Euro, die wir letztes Jahr zur Emissionsreduktion installiert haben? Sie sagen uns jetzt, dass wir sie verschrotten sollen? Sollen wir das Geld einfach wegwerfen?« Angenommen, die Zahlen ihres Gesellschafters sind realistisch, hat der Controller recht oder begeht er einen logischen Fehler?

Die fünf Millionen sind sogenannte *sunk costs*, irreversible Kosten, die in der Vergangenheit entstanden sind und bereits zu Auszahlungen geführt haben oder deren gegenwärtiges oder zukünftiges Anfallen durch vergangene Entscheidungen unwiderruflich festgelegt ist. Trotzdem werden sie bei anstehenden Entscheidungen oft in die Waagschale geworfen. Und das ist falsch! Ihr zentrales Merkmal ist, dass sie in der Gegenwart und in der Zukunft nicht mehr beeinflusst werden können. Da diese Kosten unabhängig davon bestehen, welche Alternative ein Entscheidungsträger wählt, dürfen sie bei einer rationalen Entscheidung zwischen Handlungsalternativen keine Berücksichtigung mehr finden.

Und gleich noch eine zweite Entscheidungssituation:

Sie sind der Geschäftsführer eines Unternehmens, das Militärflugzeuge baut. Sie haben eine Million Euro für die geheime Planung eines neuen Flugzeugs zugesichert. Nachdem 900.000 Euro verbraucht wurden, hat ein Mitbewerber ein Flugzeug auf den Markt gebracht, das in allen wesentlichen

Punkten besser ist als das Flugzeug, das Sie geplant hatten. Werden Sie die restlichen Gelder in das Projekt investieren?

Bei einem Test antworteten 85 Prozent der Versuchspersonen mit Ja. Interessant: Als einer zweiten Versuchsgruppe die gleiche Frage gestellt wurde, ohne die Zahlen zu nennen, wollten nur noch 17 Prozent das Projekt zu Ende bringen.

Das Phänomen, nicht aufhören zu können, wird auch »Concorde-Falle« genannt. Die Kosten des von Briten und Franzosen gemeinsam entwickelten Überschallflugzeugs waren im Laufe des Planungsprozesses steil angestiegen. Schon als man einen kleinen Teil der ursprünglich geplanten Entwicklungskosten verbraucht hatte, zeichnete sich ab, dass dieses Unternehmen niemals einen Gewinn abwerfen würde. Aber die englische und die französische Regierung wurden immer tiefer hineingezogen in das Projekt, das am Ende ein Vielfaches der ursprünglich geplanten Summe kostete. Selbst dann noch wäre es billiger gewesen, das Unternehmen mit dem Festziehen der letzten Schraube zu beenden, denn die Concorde hat auch in der Luft immer nur Verluste gebracht. Das Flugzeug war jedoch zum Prestigeobjekt geworden und galt als etwas, auf das Engländer und Franzosen stolz sein konnten.

Viele Vorhaben werden – trotz des Wissens um ihre mittlerweile geringe Bedeutung – weiterverfolgt, denn man hat ja im Vorfeld schon so viel hineingesteckt! So investieren viele in Mitarbeiter, die schon x Chancen nicht genutzt haben, sie halten fest an Karrieren oder Beziehungen, in denen sie nicht glücklich sind, sie reparieren alte Autos, die es wirklich nicht wert sind, dass man sie behält, sie fahren fort, bereits fehlgeschlagene Projekte zu finanzieren. Dabei gilt: Die Vergangenheit ist vergangen, ausgegebenes Geld ist ausgegeben und bereits Durchgeführtes ist durchgeführt.

Sind Sie zu klaren Schnitten fähig? Überprüfen Sie sich selbst mit folgenden Fragen:

- Würde ich diesen Beruf oder diese Beziehung heute eingehen?
- Würde ich dieses Unternehmen heute kaufen?
- Würde ich nach gründlicher Überlegung damit fortfahren, das Projekt zu finanzieren?
- Würde ich das Projekt neu beginnen?

Fragen Sie einen Dritten um Rat, wenn Sie sich schwertun, das Ganze zu evaluieren.

Gewinne mitnehmen

Stellen Sie sich vor, Sie haben eine Reise gewonnen. Zur Auswahl stehen ein Wochenende in Rom und ein Wochenende in Paris. Hotel, Transport, Essen, Frühstück, alles ist bezahlt. Keine einfache Entscheidung: Die beiden Städte sind sehr verschieden. Klima, Lebensart, Essen, Kultur und Kunst unterscheiden sich deutlich. Stellen Sie sich nun vor, wir nehmen noch eine dritte Möglichkeit dazu, die fast der ersten entspricht: ein Wochenende in Rom all-inclusive, jedoch ohne Kaffee zum Frühstück – den müssen Sie selbst bezahlen, er kostet 2,50 Euro. Es ist eine gegenüber den anderen beiden etwas schlechtere Option. Aber raten Sie, was passiert! Durch das absurde Angebot ohne Kaffee wird Rom mit Kaffee attraktiver als die Metropole an der Seine. Die meisten entscheiden sich nun für die Stadt am Tiber.

Durch einen Trick erhalten wir das Gefühl, einen kleinen Gewinn herausschlagen zu können. Es ist der gleiche Effekt, der Menschen dazu bringt, mit einem Billigticket zu einem Designer-Outlet bei Mailand zu fliegen: gleich zweimal gespart! Ein weiteres Beispiel von Dan Ariely verdeutlicht das Prinzip: Es geht um ein Zeitungsabonnement mit drei Wahlmöglichkeiten. Wieder ist eine unattraktiv (also aufgepasst!):

Onlineabo	59 Dollar
Printabo	125 Dollar
Kombiabo Print und Online	125 Dollar

Bei einem Versuch am MIT wurden 100 Studenten der Eliteuni nach ihrer Wahl befragt. Sie entschieden sich folgendermaßen:

Onlineabo für 59 Dollar	16 Prozent
Printabo für 125 Dollar	0 Prozent
Kombiabo für 125 Dollar	84 Prozent

Bei 100 weiteren Studenten wurde die Möglichkeit, die ohnehin niemand gewählt hatte, erst gar nicht angeboten – und sie entschieden vollkommen anders, nämlich kostenbewusster:

Onlineabo für 59 Dollar	68 Prozent
Kombiabo für 125 Dollar	32 Prozent

Wir brauchen für unsere Orientierung einen Referenzpunkt, von dem aus Optionen mehr oder weniger attraktiv erscheinen. Und solche kleinen Tricks verschieben unsere Bewertung unmerklich.

Zweifellos sind Sie ein kritischer Konsument. Wenn Sie per E-Mail als glücklicher Gewinner begrüßt werden oder ein Pop-up Ihnen als 100.000. Besucher einen attraktiven Preis verspricht, sind Sie vermutlich eher skeptisch als beglückt. Es geht jedoch auch wesentlich eleganter: Als Williams-Sonoma, ein hochwertiger Küchenausstatter in den USA, eine Brotbackmaschine für 275 Dollar auf den Markt brachte, kaufte sie keiner. Wozu braucht man überhaupt so ein Ding, dachten viele. Statt sie aus dem Sortiment zu nehmen, wurde eine zweite dazugestellt, die 50 Prozent teurer war. Und schon verkaufte sich die erste wie verrückt.

Zweifelhafte Verlustminimierung

Martin Shubik hat sich ein Spiel ausgedacht, bei dem ein Dollar versteigert wird. Das Mindestgebot ist ein Prozent, also ein Cent. Wer so viel bietet, kann den Dollar haben, solange keiner ihn überbietet. Das Spiel läuft nach den bei Versteigerungen üblichen Regeln ab, mit einer Ausnahme. Die Sonderregel besagt, dass nicht nur der letzte Bieter zahlen muss, sondern auch der vorletzte. Wer am höchsten bietet, zahlt, was er geboten hat, und erhält den Dollar, während der vorletzte Spieler zahlt, was er geboten hat, ohne etwas zu bekommen.

Der Wirtschaftsmathematiker veröffentlichte dieses Spiel, das er oft mit seinen Studenten in Yale spielte, 1971. Er berichtete, der Ein-Dollar-Schein habe bei Partys nach seiner Erfahrung durchschnittlich für 340 Cent den Besitzer gewechselt. Shubik kassierte nicht nur das Geld des Bieters, der den Zuschlag bekam, sondern eben auch den Betrag des vorletzten Gebots. So konnte er fast sieben Dollar einstecken. Seitdem hat dieses Spiel bei mehreren sorgfältig geplanten psychologischen Experimenten zu sehr ähnlichen Ergebnissen geführt.

Die Spielregeln mögen künstlich wirken: Es erscheint sinnlos, dass auch der Bieter zahlt, der den Zuschlag nicht erhält, denn er geht ja leer aus. Trotzdem lassen sich immer wieder erwachsene und intelligente Menschen auf dieses Spiel ein und sind – freiwillig und aufgrund ihrer bewussten Entscheidung – bereit, für einen Dollar das Drei- bis Vierfache zu zahlen. Wohlgemerkt nicht für einen Gegenstand, der einen Dollar wert ist, dessen subjektiver Wert aber beliebig hoch sein könnte, sondern für einen ganz gewöhnlichen Dollarschein.

Für den gesunden Menschenverstand ist das Verhalten der Spieler zunächst schwer verständlich – jedenfalls solange man nicht selbst in das Spiel verwickelt ist. Denn die Dynamik, nicht als vorletzter Bieter einen Verlust machen zu wollen, ist der Motor des Ganzen.

Shubik schreibt: »Es ist wünschenswert, dass viele Menschen mitmachen. Meiner Erfahrung nach spielt man das Spiel am besten auf einer Party, wenn die Stimmung gut ist und der Gedanke, einmal nachzurechnen, erst aufkommt, wenn bereits mindestens zwei Gebote gemacht worden sind.« Am besten erhöht man den Einsatz jeweils um höchstens zehn Cent, damit niemand das Spiel verdirbt, indem er sofort 99 Cent bietet, was weitere Gebote sinnlos machen würde, weil nach diesem Gebot niemand mehr gewinnen kann. Doch selbst in einem solchen Fall will gelegentlich jemand den Spielverderber ärgern und bietet 100 Cent für den Dollar, weil er hofft, dass der andere 99 Cent verliert. Dabei bleibt es dann in der Regel nicht und das Spiel nimmt auf dem höheren Niveau Fahrt auf.

Gewöhnlich gibt es im Laufe des Spiels drei kritische Punkte. Zunächst einmal ist die Frage, ob das Spiel überhaupt in Gang kommt. Auf einer Party passiert das fast immer, wenn der Anstifter (wir nennen ihn »Auktionator«) vorschlägt, das Spiel zu spielen, die Regeln erklärt und etwas herumalbert: »Möchte jemand einen Dollar für einen Cent kaufen? Also, du bietest einen Cent. Möchte vielleicht jemand zwei lächerliche Cent für einen Dollar zahlen?« Wurden zwei Gebote gemacht, läuft das Spiel von selbst. Noch sind die Überlegungen der Spieler vergleichsweise rational: »Warum soll ich meine 20 Cent, die ich für den Dollar geboten habe, verschenken, wenn ich den Dollar für 22 Cent bekommen könnte?« Dumm nur, dass der Gegner ähnlich denkt: »Lieber zahle ich 23 Cent für einen Dollar, als 21 Cent in den Sand zu setzen.«

Der zweite kritische Punkt kommt, wenn das Gebot 50 Cent erreicht hat. Jetzt muss der nächste Spieler mindestens 51 Cent bieten. Vermutlich kommt ihm der Gedanke, dass der Auktionator auf jeden Fall gewinnt, falls er weiter steigert, aber gewöhnlich vertreibt er diesen düsteren Gedanken wieder, indem er sich sagt, er selbst mache ja immer noch ein gutes Geschäft. An diesem Punkt kann es helfen, wenn der Auktionator etwas drängt, aber meist ist das gar nicht nötig. Haben die Spieler einmal 50 Cent überboten, steigen die Gebote fast immer zielstrebig auf 99 Cent.

Der dritte kritische Punkt wird dann erreicht, wenn jemand bereit ist, 100 Cent für den Dollar zu zahlen. In diesem Moment glaubt er vielleicht noch, ohne Verlust davonzukommen. Aber der Vorbieter weiß, dass er 99 Cent verliert, wenn er jetzt aufgibt, und nur einen Cent, wenn er 101 Cent bietet und den Zuschlag erhält. Er weiß, dass er irrational handelt und dass der Auktionator das Spiel gewinnt (das ist schon der Fall, seit die Grenze von 50 Cent überschritten wurde). Aber immerhin verliert er nur einen Cent und nicht 99 – falls die Mitspieler endlich zur Vernunft kommen und nicht weiter bieten. Aber auch sein Gegner befindet sich nach diesem Gebot in einer ähnlichen Lage: Wenn er aufhört, verliert er einen Dollar, aber wenn er 102 Cent bietet, verliert er möglicherweise nur zwei Cent. Das geht gewöhnlich – zum größten Vergnügen der Zuschauer – munter weiter, wenn es auch den beiden Kontrahenten vielleicht nicht mehr ganz so viel Spaß macht.

Sie können diese Geschichte als Beleg dafür ansehen, wie verrückt die Studenten in Yale sind. Aber funktionierte das atomare Wettrüsten der Supermächte so viel anders? Beide haben Billionen von Dollar aufgewendet, in der Hoffnung, den einen »Dollar« des Siegers zu gewinnen. Eine Absprache, die auf friedliche Koexistenz zielt, ist eine wesentlich profitablere Lösung.

Wenn ich anderen von diesen Auktionen erzähle, kommt als Standardreaktion, dass man sich nie auf so etwas Verrücktes einlassen würde. Ich bezweifle das allerdings. Nicht nur, weil ich eine Euro-Version der Versteigerung schon einige Male mit Erfolg bei meinen Vorträgen durchgeführt habe – sondern vor allem, weil die Beobachtung unseres Alltagsverhaltens mir etwas anderes verrät. Unzählige vertraute Situationen laufen nach der Logik dieser Auktion ab. Je länger wir auf den Bus warten, umso schwieriger wird es, ein Taxi zu nehmen, selbst wenn wir in Eile sind und schon erwogen hatten, ein Taxi zu rufen, bevor wir zur Bushaltestelle gingen. Je länger wir uns einen grässlichen Film anschauen, umso eher sehen wir ihn uns bis zum Ende an, obwohl es immer weniger wahrscheinlich wird, dass noch etwas Interessantes passiert. Die Programmplaner beim Fernsehen wissen das und zeigen gegen Ende eines Films mehr Werbung, da die Zuschauer zu diesem Zeitpunkt mit viel geringerer Wahrscheinlichkeit auf einen anderen Kanal umschalten.

Nach der Logik der Dollarauktion funktionieren auch Streiks. Oft kostet der durch den Streik angerichtete Schaden die Arbeitgeber mehr als die Erfüllung der Forderungen. Häufig ist auch der Verdienstausfall der Arbeitnehmer höher als der Zugewinn, den die Erfüllung der Forderungen selbst in Jahrzehnten erbringen könnte. Trotzdem versucht jede Seite, etwas länger auszuhalten als die andere, weil der Verlierer sonst für den vom Streik angerichteten Schaden und für den Verdienstausfall keinen Cent bekäme. Bei den meisten Streiks lässt sich gut beobachten, wie sich die Debatte von Sachfragen zu Grundsatzfragen verschiebt – ähnlich wie der Wechsel des Wertesystems der Spieler am Ende der Dollarauktion.

In diesen Fällen kann ein geschickter Vermittler eine große Hilfe sein. Ein altbewährtes Verfahren der Unterhändler besteht darin, eine neue Grundsatzfrage aufzuwerfen, die für den Streik bisher völlig unwichtig war und an die weder die Arbeitgeber noch die Arbeitnehmer bis dahin gedacht hatten, beispielsweise die Frage neuer Arbeitskleidung. Darüber können sich die Parteien nach einer kurzen Debatte einigen und danach können beide die Auseinandersetzung ohne Gesichtsverlust beenden.

Nach der Verschwendungslogik der Dollarauktion laufen übrigens auch Bewerbungen um ausgeschriebene Stellen ab. Je mehr Arbeit in die Bewerbungsmappe gesteckt wird, umso besser sind die Aussichten, den Zuschlag zu erhalten. Dennoch kann nur ein Bewerber gewinnen. Alle anderen haben umsonst gearbeitet. Das Prinzip der Dollarauktion hält viele Menschen an einem unangemessenen

Arbeitsplatz oder in einer anderen schlechten Situation gefangen. Böse Zungen behaupten, dass 80 Prozent der Menschen von heute auf morgen ihr »altes« Leben hinter sich lassen würden – hätte man nicht schon so viel investiert. Übrigens sind das auch deswegen so viele, weil man sich offenbar mit negativen Situationen bis zu einem gewissen Maß ganz gut arrangieren kann.

Verbuchen nach Lust und Laune

Sie haben vor ein paar Wochen für 25 Euro eine Karte für ein Open-Air-Konzert mit verschiedenen Bands erworben. Am Tag des Konzerts ist es unerwartet kalt, hin und wieder regnet es. Eigentlich würden Sie lieber zu Hause bleiben. Gehen Sie trotzdem zum Konzert? Und würden Sie sich genauso entscheiden, wenn Sie die Karte nicht gekauft, sondern gewonnen hätten? Sie stutzen, weil Sie trotz des gleich bleibenden Geldbetrags eventuell doch zu unterschiedlichen Entscheidungen kommen? Sie sind nicht allein! Kahneman und Tversky haben den Effekt empirisch nachgewiesen, indem sie Probanden die folgenden Fragen vorlegten:

(1) Sie haben einen Theaterbesuch für zehn Euro geplant. Auf dem Weg zum Theater haben Sie zehn Euro verloren. Werden Sie trotzdem eine Eintrittskarte kaufen?

(2) Sie haben für einen Theaterbesuch bereits eine Karte für zehn Euro gekauft, diese aber auf dem Weg zum Theater verloren. Werden Sie zehn Euro für eine neue Karte ausgeben?

In beiden Szenarien hat die Person objektiv zwanzig Euro weniger, wenn sie sich zu dem Theaterbesuch durchringt. Aber bei der ersten Frage antworteten 88 Prozent der Versuchspersonen mit Ja, bei der zweiten waren es nur noch 46 Prozent. Wie kommt das? Der US-Verhaltensökonom Richard Thaler hat den Begriff *mental accounting* in die Diskussion eingebracht: Menschen tendieren dazu, getrennte mentale Konten für unterschiedliche Ausgaben zu führen. Er hat Kahneman und Tversky auf die Idee gebracht, dieses Verhalten empirisch zu untersuchen. Beim ersten Beispiel werden das verlorene Geld und der Eintrittspreis offensichtlich eher auf unterschiedlichen Konten verbucht (dem Pechkonto und dem Kulturkonto). Der Theaterbesuch kostet somit subjektiv nur zehn Euro und man geht in die Vorstellung. Das nennt Thaler Segregation. Beim zweiten Beispiel werden beide Posten auf dem Kulturkonto verbucht. Entscheidet man sich für die Integration, kostet der Theaterbesuch subjektiv 20 Euro.

Segregation und Integration sind nicht automatisch Schummelei: Ein Computerhändler kauft einen PC für 3000 Euro und verkauft ihn am gleichen Tag für 4000 Euro. Aus einer Perspektive der Integration macht er einen Gewinn von 1000 Euro. Aus einer Perspektive der Segregation macht er einen Verlust von 3000 Euro und einen Gewinn von 4000 Euro. Wichtig ist nur, die Konten am Ende wieder zusammenzuführen. Das tun wir aber nicht immer. Häufig setzen wir den Verbuchungstrick in einem komplexen Spiel der Wertermittlung ein – das nicht zuletzt dazu dient, uns gut zu fühlen.

Wir gleichen Geldbeträge nicht wie Taschenrechner nach ihrem reinen Zahlenwert ab, sondern als lebende Wesen nach dem Nutzen, den sie versprechen. Und hier eröffnet sich ein weites Spielfeld. So sprechen die Forscher von der intraindividuellen Varianz: Die Einschätzung wechselt bei ein und derselben Person, zum Beispiel in Abhängigkeit von ihrem momentanen Referenzpunkt. Wenn Sie beim ersten Spiel eines Rouletteabends 100 Euro gewinnen, freuen Sie sich mehr darüber, als wenn Sie schon 100.000 Euro gewonnen haben und im zwanzigsten Spiel weitere 100 Euro gewinnen. Bei der intersituativen Varianz ändert sich die Einschätzung in Abhängigkeit von der Situation. Eine 50-Cent-Münze hat einen höheren Nutzen, wenn Sie etwas an einem Automaten kaufen wollen. Und bei der interindividuellen Varianz variiert der wahrgenommene Nutzen zwischen Personen. So haben 100 Euro für einen durchschnittlichen Azubi einen höheren Nutzen als für einen durchschnittlichen Manager.

Wie viel mir etwas wert ist, scheint eine ziemlich variable Angelegenheit zu sein, abhängig von der Situation und von subjektiven Erwägungen. Da sind Tür und Tor geöffnet für alle möglichen Winkelzüge, Schönrechnereien und Anfälligkeiten gegenüber Manipulationen. Das Fazit der Forscher: Die Menschen tendieren zum hedonistischen Verbuchen. Gewinne und Verluste werden so kombiniert, dass die mentale Repräsentation den höchsten subjektiven Wert hat. Hauptsache, man steht am Ende mit dem Gefühl da, das Geld richtig ausgegeben zu haben.

Drei, zwei, eins ... meins!

Dass uns Dinge aus unserem persönlichen Besitz besonders am Herzen liegen, ist zunächst einmal keine überraschende Feststellung. Vielleicht handelt es sich um das Geschenk einer geschätzten Person oder sogar um ein Erbstück. Womöglich war der Entscheidungsprozess aufwendig, aber wir sind noch immer überzeugt, die richtige Wahl getroffen zu haben. Vielleicht ist der Kauf mit angenehmen Erinnerungen verbunden: ein Wochenende in Rom, das erste selbst verdiente Geld, die Erfüllung eines lang gehegten Traums. Kein Wunder, dass solche Dinge für uns einen besonderen Wert haben. Oder sitzen wir einer Täuschung auf?

Der kanadische Psychologe Jack Knetsch hat nachgewiesen, dass wir geradezu reflexartig beliebige Dinge in unser Eigentum übernehmen – und sie dann nicht wieder hergeben wollen. Seine Experimente schildert er in einem Aufsatz, der er gemeinsam mit Daniel Kahneman und Richard Thaler verfasst hat: Studenten der Simon-Fraser-Universität winkte eine Belohnung für das Ausfüllen eines Fragebogens. Die Beantwortung der Fragen war nicht sehr aufwendig. Was die Studenten allerdings nicht wussten, war, dass es gar nicht um den ausgefüllten Bogen ging, sondern um ihren Umgang mit den Präsenten. Man hat ihnen auch nicht gesagt, dass der Versuch drei Gruppen umfasste: In der ersten gab es nach getaner Arbeit einen Becher mit dem Universitätslogo, in der zweiten eine 400-Gramm-Tafel Schweizer Schokolade. In der dritten durfte frei zwischen den beiden Optionen gewählt werden.

Hier entschieden sich 55 Prozent für den Becher, die beiden Preise erschienen ihnen offensichtlich mehr oder weniger gleichwertig. Vollkommen anders reagierten die Studenten der anderen Gruppen, als ihnen die Möglichkeit zum Tausch geboten wurde. Offenbar hatten sie in Sekundenschnelle Besitzergefühle entwickelt: Nur elf Prozent der Eigentümer eines Bechers fanden die Schokolade attraktiver. Die Schokoladenbesitzer ihrerseits ließen die Becher links liegen; auch hier waren nur zehn Prozent zum Tausch bereit.

Die Forscher haben den Besitzeffekt *(endowment effect)* mit zahlreichen Experimentvarianten studiert: mit Bechern anderer Universitäten, mit Kugelschreibern, sie haben ganze Märkte mit Verkaufsgeboten anstelle des simplen Tausches initiiert oder die Preisetiketten an den Waren belassen. Das Ergebnis war immer das Gleiche – Gegenstände werden von ihren Besitzern ungern abgegeben und im Preis weit höher angesetzt als von den potenziellen Käufern. Diese Verzerrung tritt nicht auf, wenn man solche Marktspiele mit Coupons oder Jetons spielt. Unser Herz hängen wir an Konsumgüter, nicht an abstrakte Zahlen.

Der Besitzeffekt kann in eine echte Zwickmühle führen, wenn man beispielsweise sein Eigenheim verkaufen will. Kommt Ihnen das vertraut vor? Versuchen Sie folgendes Gedankenspiel: Sie haben vor fünf Jahren ein Bild für 100 Euro gekauft, das mittlerweile einen Wert von 1000 Euro besitzt. Wie viel müsste man Ihnen mindestens bieten, damit Sie Ihr Bild verkaufen? Welchen Preis wären Sie selbst heute für ein Bild ähnlicher Qualität zu zahlen bereit? Das Standardbeispiel von Richard Thaler ist der Besitzer eines Weinkellers, der ein Gebot von 200 Dollar für eine seiner Raritäten ausschlägt. Fragt man ihn jedoch, wie viel er ausgeben würde, um Ersatz zu beschaffen, falls die Flasche herunterfällt, antwortet er: nicht mehr als 100 Dollar.

Erwartungen: Theorie und Praxis

Die Zusammenarbeit von Daniel Kahneman und Amos Tversky, die einander 1968 an der Hebräischen Universität in Jerusalem erstmals begegneten, stand von Anfang an unter einem guten Stern. Im Rückblick meint Kahneman: »Wir erlebten das Wunder, zusammen die sprichwörtliche Gans zu besitzen, die goldene Eier legt: ein gemeinsames Denken, das einfach besser war als unsere individuellen Intellekte.«

Kahneman war bereits als junger Wissenschaftler Fachmann für die Übertragung psychologischer Erkenntnisse in die Praxis. Er hatte unter strengen Feedback-Bedingungen an der Verbesserung von Eignungstests, Immigrantenprogrammen und Pilotentrainings mitgewirkt. Tversky war Spezialist für menschliches Urteilen und Entscheiden. Der eine war ein Morgenmensch, der andere Nachtarbeiter. Über Jahre trafen sie sich jeden Nachmittag zum angeregten Gespräch, um an ihren Hypothesen zu feilen und neue Testsituationen zu entwickeln. Auf diese Weise arbeitete das Team praktisch rund um die Uhr.

Die beiden kritischen Köpfe verwendeten ihre geballte Energie nicht darauf, die herrschenden Dogmen auszubessern. Sie schauten sich systematisch jene Phänomene an, die nicht ins Bild passten, und überprüften empirisch, wo zuverlässig immer wieder kognitive Verzerrungen auftraten. Unter anderem entwickelten sie die Technik, Entscheidungssituationen in kurze Fragen zu verpacken. Spannend war die Entdeckung, dass durch minimales Variieren vollkommen andere Antworten nahegelegt wurden. Eine ganze Reihe dieser Aufgaben haben wir schon kennengelernt. Auf diese Weise identifizierten sie den Anker- und Rahmeneffekt, die Verfügbarkeits- und Repräsentativitätsheuristik, Selbstüberschätzung, Bestätigungstendenz und Rückschaufehler, später dann das mentale Verbuchen, den Status-quo- und Besitzeffekt.

Nach zehn Jahren intensiver Forschung entwarfen sie schließlich eine Theorie, die besser erklären konnte, was wirklich vor sich geht. Für ihre neue Erwartungstheorie *(Prospect Theory)*, die geeignet ist, das Kosten-Nutzen-Modell der klassischen Nationalökonomie abzulösen, und für ihre Pionierleistungen auf dem Forschungsgebiet der Verhaltensökonomie erhielten sie 2002 den Nobelpreis. Amos Tversky war zu diesem Zeitpunkt schon sechs Jahre tot – und Kahneman schaute in seiner Rede wehmütig auf die gemeinsame Zeit zurück. Der große Erfolg hatte sich aber bereits vorher eingestellt: Professuren in Stanford (Tversky), Berkeley und Princeton (Kahneman), die Zusammenarbeit mit Richard Thaler und Nachwuchstalenten wie Jack Knetsch und Dan Ariely, die Etablierung einer neuen Wissenschaft. Was war das Geheimnis der neuen Theorie?

Vorurteilsfreiheit und konsequent kritischer Blick wurden schon erwähnt, ebenso die harte Überprüfung an der Empirie. Das sollte aber eigentlich zur wissenschaftlichen Grundausstattung gehören. Mutig war der Schritt, das Ganze nicht in einem idealisierten Kontrollraum anzusiedeln, aus dem man es mit Anwendungshilfen wieder in die Realität hätte zurückholen müssen. Kahneman und Tversky haben ihre Theorie aus dem realen Verhalten der Marktteilnehmer entwickelt. Die rechnen aber nicht mit abgesicherten Zahlen, wenn sie Kosten und Nutzen einer Entscheidung abwägen. Sie rechnen mit ihren Erwartungen. Denn etwas anderes haben sie bei der Entscheidungsfindung im Alltag nicht zur Hand. Die *Prospect Theory* erklärt das Verhalten unter Bedingungen von »begrenzter Rationalität« und »Ungewissheit« bei Zeit- und Informationsmangel – also in unübersichtlichen Situationen, wie wir sie täglich erleben.

Unter diesen Umständen versuchen wir, die bestmöglichen Entscheidungen zu treffen. Zuerst einmal müssen wir uns ein Bild der Situation machen (Repräsentation) – und zwar meist möglichst schnell. Dazu gehören auch Vermutungen, wie sich das Ganze weiterentwickeln könnte (Extrapolation). Für beides brauchen wir wiedererkennbare Muster und Daumenregeln (Heuristiken). Die ökonomisch zentrale Frage lautet: Kann ich das, was mir wertvoll ist, halten, eventuell mehren – oder droht ein Verlust?

Es geht also um ein Mehr oder Weniger im Spiegel der Wahrnehmung. Und ähnlich wie beim Empfinden von Wärme und Kälte haben wir auch hier keinen eingebauten objektiven Maßstab. Wir können nicht zuverlässig 21 von 23° C unterscheiden, aber sehr genau sagen, ob es drinnen wärmer ist als draußen, wenn wir das Haus verlassen. Und so legen wir unter Entscheidungsdruck situativ die Messlatte fest, von der aus wir etwas als Gewinn oder Verlust einstufen (Referenzpunkt). Es ist also durchaus sinnvoll, einen »Anker« auszuwerfen.

Ebenso automatisch, wie unsere optische Wahrnehmung Kanten verstärkt, Linien durchzieht und die aufgenommenen Daten dreidimensional interpretiert, erzeugt auch unsere ökonomische Wahrnehmung aus dem vorhandenen Material ein Bild der Situation (Edition), das es uns ermöglichen soll, die gewinnbringende Option zu wählen (Evaluation). Erstaunlich oft kommen wir unter schlechten Bedingungen zu vertretbaren Ergebnissen. Manchmal sind wir vollkommen auf dem Holzweg. Und manche Menschen erzielen überdurchschnittlich oft gute Ergebnisse.

Vor allem fanden Kahneman und Tversky heraus, dass unsere jeweilige Interpretation der Lage zu vollkommen unterschiedlichen Verhaltensweisen führt: Geht es um Bestandswahrung oder winken gar Gewinne, werden wir konservativ und vorsichtig (Risikoaversion). Drohen Verluste, setzen wir alles in Bewegung und verwandeln uns in Spieler (Risikobereitschaft). Auch das ist überlebenstechnisch nachvollziehbar. Allerdings reichen minimale Veränderungen oder auch nur eine veränderte Präsentation der Informationen, um vom einen zum anderen Verhalten zu wechseln. Dabei laufen die zugrunde liegenden Prozesse automatisch ab. Das heißt allerdings nicht, dass sie in der Mehrzahl der Fälle keine brauchbaren Ergebnisse bringen! Offenbar lässt sich jedoch die Entscheidungskompetenz durch Einsicht, Sachkenntnis und Reflexion merklich verbessern.

Schließlich haben die beiden Psychologen ihre Theorie formalisiert, also in mathematischen Formeln und Graphen dargestellt. Damit war die *Prospect Theory* in den Wirtschaftswissenschaften diskussionsfähig. Die breite und erhitzte Debatte dauert bis heute an. Zugleich nähren die Formeln bei Wissenschaftlern die Hoffnung, dass man manche Effekte kognitiver Verzerrung – zum Beispiel aus Forschungsergebnissen – einfach wieder herausrechnen kann. Daran wird aber noch gearbeitet.

Teil 5

Zahlenspiele: wie wir uns verrechnen

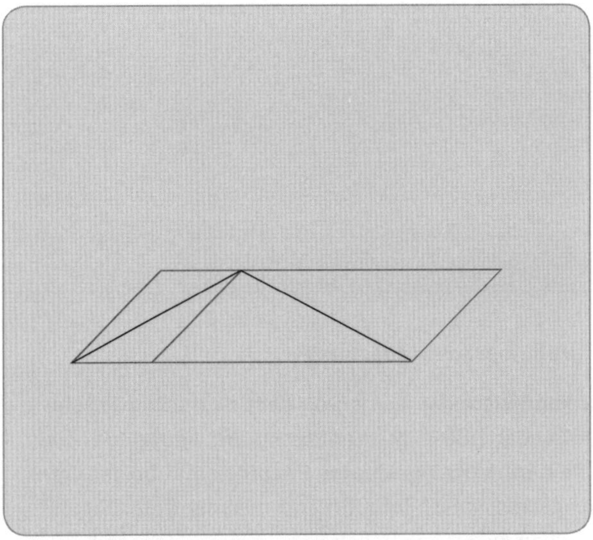

Sandersche Parallelogrammtäuschung: Sind die beiden Diagonalen gleich lang?

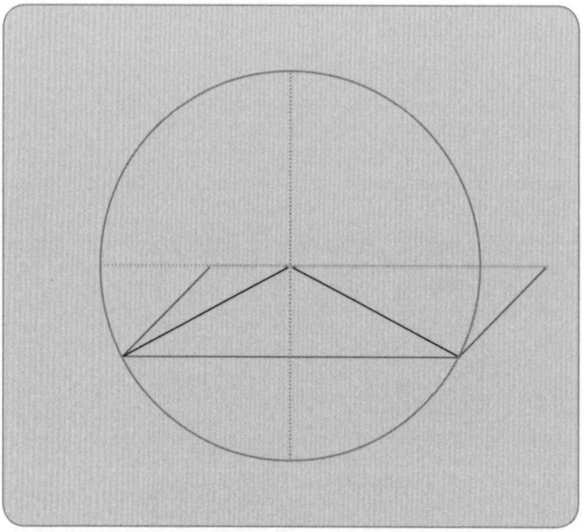

Sandersche Parallelogrammtäuschung

Die Parallelogrammtäuschung wurde von dem deutschen Psychologen Friedrich Sander (1889–1971) entdeckt: Wir deuten das Parallelogramm als nach hinten gekipptes Rechteck, die beiden Seiten erscheinen unterschiedlich lang. Ersetzt man die Betonung der Trapezform durch einen um den Scheitelpunkt geschlagenen Kreis, erkennt man, dass es sich um ein gleichschenkliges Dreieck handelt. Die Seiten sind tatsächlich gleich lang.

Verschätzt!

Sie legen um die Erde am Äquator einen Stahlring »auf Tuchfühlung«. Nehmen wir an, er hat einen Umfang von 40.000 Kilometern. Nun schneiden Sie ihn an einer Stelle auf, setzen an der Stelle einen Meter ein und verschweißen das Ganze. Der Ring hat nun einen Umfang von 40.000,001 Kilometern. Um wie viel steht der Stahlring nach dem Eingriff von der Erde ab? Um wie viel vergrößert sich der Durchmesser? Was schätzen Sie?

(1) ca. 16 Nanometer
(2) ca. 16 Mikrometer
(3) ca. 16 Millimeter
(4) ca. 16 Zentimeter

Lösung: Korrekt ist der Zentimeterwert. Der Durchmesser wächst also um rund 32 Zentimeter. Die detaillierte Berechnung finden Sie im Anhang.

Die Berechnung gilt für jeden Kreis, egal wie groß der Durchmesser vorher war, da die Kreisfunktion linear verläuft und die Kreiszahl Pi konstant ist. Vermutlich konnten Sie sich aber nicht an diesen Teil des Mathe-Unterrichts erinnern, sondern haben aufgrund Ihrer Alltagserfahrungen versucht, den Wert »über den Daumen zu peilen«. Dann sind Sie mit ziemlicher Sicherheit an den Größenordnungen gescheitert. Die Relation des einen eingefügten Meters zu den 40 Millionen Metern Äquatorumfang können wir uns schlicht nicht vorstellen. Und war Ihnen klar, dass der Zentimeterwert zehn Millionen mal so groß ist wie der Nanometerwert? Unter Umständen haben Sie sich also astronomisch verschätzt.

Wir kennen schon das Umschalten auf den kognitiven Sparmodus in Situationen, in denen keine passende Lösungsstrategie zur Hand ist. Die Größenordnungen, um die es hier geht, sollten Ihnen allerdings ein klares Signal senden: Finger weg von intuitiven Schätzungen! Um den Durchblick zu behalten, hilft es, solche Aufgaben auf einen einheitlichen Maßstab umzurechnen (was zugegebenermaßen reine Fleißarbeit ist). Wenn Sie sich aber einmal vergegenwärtigt haben, dass es um eine Spanne zwischen 40.000.000 Metern (Äquator) und 0,000000016 Metern (Schätzung 1) geht, wird klar, dass Sie da mit Augenmaß und Kopfrechnen nicht sehr weit kommen.

Dabei handelt es sich sogar um eine halbwegs anschauliche Aufgabe (vielleicht ist jedoch gerade das der Trick, der die meisten in die Irre führt ...). Sie werden in diesem Teil des Buches noch mit einigen Fragestellungen konfrontiert, die unsere Vorstellungskraft schlicht und ergreifend übersteigen. Und das geht leider schneller, als wir denken. Ein solches Phänomen ist exponentielles Wachstum. Unglücklicherweise kennzeichnet dies jedoch eine Vielzahl natürlicher und ökonomischer Vorgänge. Eine kleine anschauliche Legende macht deutlich, wie restlos uns hier die Anschauungskraft im Stich lässt.

Als der indische Erfinder des Schachs seinem Herrn das neue Spiel überreichte, war er enttäuscht von dessen gelangweilter Reaktion. Der König hatte offenbar die ganze Bandbreite an Möglichkeiten und Strategien nicht begriffen, die es eröffnete. Um ihm eine Ahnung dieser Dimension zu vermitteln, lehnte der kluge Mann das Angebot ab, sich zur Belohnung etwas aus der Schatzkammer zu nehmen. Sein Vorschlag klang weit bescheidener. Er wollte lediglich Reiskörner auf das Schachbrett gelegt bekommen – und zwar nach einer einfachen Regel: eins auf das erste Feld, zwei auf das zweite, vier auf das dritte, acht auf das vierte und so fort.

Der König sagte schnell zu, froh, den komischen Kauz so günstig loszuwerden. Seine Überheblichkeit verging ihm jedoch am nächsten Tag, als der Hofbuchhalter nach gründlicher Berechnung mitteilte, das Reich sei nicht in der Lage, die Forderung zu erfüllen. Allein auf dem letzten Schachbrettfeld müssten 2^{63} Reiskörner liegen. Das sind ungefähr 9.223.372.036.000.000.000 Körner, umgerechnet rund 153 Milliarden Tonnen Reis oder 31 Millionen Schiffsladungen à 5000 Tonnen. Für das vorletzte Feld hätte der voreilige König noch einmal die Hälfte dazulegen müssen, für das vorvorletzte ein Viertel und so fort.

Wachstumsprozesse, die sich in steil ansteigenden Kurven niederschlagen, unterschätzen wir systematisch, egal ob es sich um Umsätze, Schulden oder Epidemien handelt. Selbst wenn wir permanent Feedback bekommen, hinken wir mit unseren ständig korrigierten linearen Schätzungen der realen Dynamik hoffnungslos hinterher. Offenbar können wir nur geradlinig verlaufende Prozesse einigermaßen zuverlässig vorhersagen. Problemforscher Dietrich Dörner rät deshalb, in solchen Fällen die Intuition abzuschalten und konsequent auf Mathematik und Computer umzusteigen.

Das hängt davon ab …

Sie nehmen an einer zweistufigen Lotterie teil.
In jeder Stufe haben Sie eine Gewinnchance von 50 Prozent.
Wie hoch ist Ihre Chance, in beiden zu gewinnen?

Sie nehmen an einer zweistufigen Lotterie teil.
In jeder Stufe haben Sie eine Gewinnchance von 20 Prozent.
Wie hoch ist Ihre Chance, in beiden zu gewinnen?

Lösung: Korrekte Antwort auf die erste Frage: 25 Prozent, bei der zweiten Frage: 4 Prozent.

Es ist auffällig, dass eine Mehrzahl bei der ersten Frage richtig liegt und sich bei der zweiten im Durchschnitt um das Sechsfache verschätzt. Statt der korrekten vier tippt sie auf 30 Prozent. Der Grund ist vermutlich simpel: Die meisten von uns beherrschen Bruchrechnung ein bisschen besser als Prozentrechnung. Die Hälfte der Hälfte ist ein Viertel. Und auch die Übersetzung klappt problemlos: 50 Prozent sind eine Hälfte, ein Viertel ist 25 Prozent. Aber 20 Prozent von 20 Prozent? Statt einer Rechnung gibt es nun eine ängstliche Schätzung: irgendwie weniger als bei der ersten Aufgabe. Dass 30 Prozent schon auf der ersten Stufe nicht erreicht werden, geht im Ratemodus unter. Dabei hilft auch in diesem Fall einfaches Kopfrechnen: $\frac{1}{5}$ von $\frac{1}{5}$ ist ein $\frac{1}{25}$. Oder: 0,2 mal 0,2 ist 0,04. Die Rückübersetzung in 4 Prozent geht möglicherweise nicht so leicht von der Hand.

Sogenannte bedingte Wahrscheinlichkeiten schicken die meisten von uns zielsicher in die Konfusion. Dabei bewegen wir uns permanent in komplexen Zusammenhängen. Wechselwirkungen und andere Abhängigkeiten sind an der Tagesordnung. Wie kommen wir da nur zurecht?

Sie haben ein technisches System gebaut, das richtig laufen wird, wenn alle seine 500 Einzelteile korrekt funktionieren. Jedes einzelne Teil wurde ausführlich getestet und zu 99 Prozent als verlässlich erklärt. Wie hoch (Angabe in Prozent) ist die Chance, dass das System während seines ersten Einsatzes funktionieren wird?

Lösung: Die Chance liegt deutlich unter einem Prozent: 0,99 hoch 500 ergibt 0,00657, also 0,657 Prozent.

Die wirtschaftsaktuelle Gegenfrage: Wenn 500 EU-Politiker sich zu 99 Prozent sicher sind, dass der Euro stabil bleibt, wie hoch ist dann die Wahrscheinlichkeit, dass dies auch eintrifft? Eine Sicherheit von 99 Prozent ist prima für einzelne Ereignisse des Alltags. Bei 99 Prozent Sonnenwahrscheinlichkeit brauchen Sie keinen Schirm mitzunehmen – wiewohl die Wettervorhersage in der Regel nicht sonderlich zuverlässig ist. Für technische Anlagen und komplexe Finanzsysteme sind 99 Prozent aber meist nicht genug. Ganz sicher reichen sie nicht, wenn die kleinen Einzelrisiken sich zum Systemausfall summieren, weil sie zusammenhängen.

Die enge Beziehung zwischen Produktkomplexität und Verlässlichkeit ist häufig der Grund, warum Projekte nicht pünktlich fertiggestellt werden. Um die Gewinnchancen für komplexe Strategien neu zu durchdenken, hilft die Weisheit des KISS-Prinzips *(Keep it small and simple)*:

- Bauen Sie einen besonders großen Puffer in Ihre Schätzungen ein. Entwickeln Sie eine Auswegstrategie und einen Plan B als Teil Ihrer Gesamtplanung.
- Fragen Sie immer: »Was passiert, wenn ...?«
- Denken Sie negativ!
- Versuchen Sie sich vorzustellen, wie der Plan misslingen könnte.
- Definieren Sie Erfolg und Misserfolg im Vorfeld.

Fallen Sie vor allem nicht auf eine Täuschung herein, die Sie mit Ihrem besten Kunden und Ihrem ärgsten Konkurrenten teilen: die Illusion der Gewissheit. Werden Sie wachsam, sobald Sie sich in Sicherheit wiegen. Und werden Sie skeptisch, wenn Ihnen jemand eine »sichere Lösung« verkaufen will. Die simple Tatsache ist: Es gibt nichts ohne Risiko. Und dieses abzuschätzen oder gar zu berechnen, ist alles andere als einfach.

Pessimismus im Paradies – Optimismus am Spieltisch

Was haben Adam und Eva gedacht, als der erste Tag im Paradies zu Ende ging und es dunkel wurde? Vermutlich hatten sie ja großes Gottvertrauen. Aber wie hoch erschien ihnen wohl die Wahrscheinlichkeit, dass die Sonne am nächsten Morgen wieder aufgehen würde? Als moderne Philosophen wären sie dem Indifferenzprinzip gefolgt: »Wenn keine Gründe dafür bekannt sind, um eines von verschiedenen möglichen Ereignissen zu begünstigen, dann sind die Ereignisse als gleich wahrscheinlich anzusehen.« Vermutlich haben sie sich jedoch an ihren ersten (und bis dahin einzigen) Sonnenaufgang erinnert und waren gespannt, ob er sich wiederholt.

Mit jedem weiteren Morgenrot werden sie der Nacht gelassener entgegengesehen haben. Angenommen, sie starteten mit einer skeptischen 50:50-Einschätzung und ritzten dafür je eine Kerbe auf der linken und auf der rechten Seite vom Baum der Erkenntnis ein. Wenn sie dann für jeden erlebten Sonnenaufgang eine weitere Kerbe auf der Haben-Seite markiert haben, konnten sie zuschauen, wie ihre Gewissheit am zweiten Tag auf $^2/_3$, am dritten Tag auf $^3/_4$, am zehnten Tag auf $^{10}/_{11}$ wuchs und so fort.

Die Sukzessionsregel $^{(n+1)}/_{(n+2)}$ hat der französische Mathematiker Pierre-Simon Laplace allerdings erst 1812 entdeckt. Ihr zufolge beträgt der Überzeugungsgrad, dass die Sonne morgen wieder scheinen wird, bei einem Fünfundfünfzigjährigen, der rund 20.000 Sonnenaufgänge erlebt hat: $^{20.001}/_{20.002}$ beziehungsweise 99,995 Prozent. Selbst wenn Adam und Eva also mit einer niederschmetternd pessimistischen Prognose von $^1/_{100}$ begonnen hätten, wären sie nach 100 Nächten zu einer optimistischen Einschätzung gekommen.

Wie groß ist die Chance, dass Sie dreimal in Folge den Kopf einer Münze werfen? Wie groß ist die Chance, dass sie dreimal in Folge den Kopf einer Münze nicht werfen?

Lösung: Die Lösung für beide Fragen ist $\frac{1}{2} \times \frac{1}{2} \times \frac{1}{2} = \frac{1}{8}$ oder $0{,}5 \times 0{,}5 \times 0{,}5 = 0{,}125$.

Nun wurde in einem Spiel dreimal hintereinander Kopf geworfen. Ist deshalb beim nächsten Wurf die Wahrscheinlichkeit höher als beim ersten Mal, dass nun Zahl statt Kopf oben liegt? Nein, denn die angegebene Wahrscheinlichkeit bezieht sich auf das sogenannte Gesetz der großen Zahlen. Je häufiger Sie die Münze werfen, desto näher kommen Sie der angegebenen Verteilung. Nehmen wir an, Adam und Eva wären nicht aus dem Paradies vertrieben worden, sondern hätten seitdem ununterbrochen Dreiersequenzen geworfen. (Woher sie eine Münze nehmen sollten, kann ich leider nicht sagen.) Nach 100 Sequenzen wären die beiden vermutlich noch unsicher über den Verteilungswert gewesen, vielleicht auch noch nach 1000 Wiederholungen. Spätestens nach einer Million Durchgängen könnten sie bestätigen, dass im Schnitt jede achte aus dreimal Kopf besteht.

Das Gefühl, man werde beim nächsten Würfeln eine Sechs erzielen, weil schon so lange keine mehr gefallen ist, oder die Roulettekugel müsse nun einfach im schwarzen Feld landen, nachdem Rot dreimal hintereinander gewonnen hat, trügt. Es handelt sich um den klassischen Spielerfehlschluss:

- Ein zufälliges Ereignis wird wahrscheinlicher, weil es längere Zeit nicht eingetreten ist.
- Ein zufälliges Ereignis wird unwahrscheinlicher, weil es eben schon einmal eingetreten ist.
- Ein zufälliges Ereignis wird unwahrscheinlicher, weil es längere Zeit nicht eingetreten ist.
- Ein zufälliges Ereignis wird wahrscheinlicher, weil es eben schon einmal eingetreten ist.

Alle diese Sätze sind falsch. Die Wahrscheinlichkeit beim neuen Münzwurf und beim erneuten *Faites vos jeux* beträgt unverändert 50:50 (für Kopf:Zahl oder Schwarz:Rot). Die Chance auf eine Sechs liegen bei jedem Würfeln bei 1:6. Münzen, Roulettekugeln und Würfel haben kein Gedächtnis. Unser Irrtum besteht darin, dass wir glauben, das Gesetz der großen Zahlen müsse sich auch in einer für uns überschaubaren Abfolge – beispielsweise einer Runde *Mensch ärgere dich nicht!* – abbilden.

In einer Stadt gibt es zwei Krankenhäuser. Im größeren gibt es jeden Tag etwa 45 Entbindungen, im kleineren etwa 15. Man kann davon ausgehen, dass ungefähr 50 Prozent der Babys Jungen sind. Natürlich variiert der Prozentsatz von Tag zu Tag. Ein Jahr lang notierte man in beiden Krankenhäusern die Tage, an denen mehr als 60 Prozent der Neugeborenen Jungen waren. Welches der beiden Krankenhäuser notierte Ihrer Meinung nach mehr solcher Tage?

Lösung: Das kleine Krankenhaus hat mehr Abweichungen vom Durchschnitt, das andere kommt aufgrund der höheren Zahlen der Gesamtverteilung näher.

Rund ein Viertel der Testpersonen, denen Daniel Kahneman und Amos Tversky dieses Beispiel vorlegten, tippten auf das große Krankenhaus, die Hälfte meinte, die 60-Prozent-Rate müsse bei beiden gleich sein. Drei Viertel lagen also daneben, nur ein Viertel hatte die richtige Antwort. Kahneman und Tversky sahen die Repräsentativitätsheuristik am Werk: Ähnlichkeit – großes Krankenhaus und hohe Prozentzahl – schlägt Wahrscheinlichkeit.

Fazit: Die Gesamtverteilung zeigt sich nur im Bereich der großen Zahlen. Die gültigen Wahrscheinlichkeitswerte lassen sich nicht zuverlässig anhand von beliebigen Teilmengen bestimmen. Ein sicherer Abzweig auf den Holzweg besteht in weitreichenden Schlüssen aus zu kleinen Stichproben – so überzeugend die Sache auch aussehen mag.

Seltene Krankheiten

Sie haben eine positive Diagnose einer seltenen Krankheit erhalten, die einen von 10.000 Menschen trifft. Ihr Arzt bestätigt, dass der Test eine Zuverlässigkeit von 99 Prozent hat. Müssen Sie sich ernsthafte Sorgen machen?

Lösung: Wenn es keine anderweitigen Hinweise gibt, nicht. Allein aufgrund des – positiven – Testergebnisses beträgt die Wahrscheinlichkeit, dass Sie die Krankheit nicht haben, 99 Prozent.

Hat der Test eine Zuverlässigkeit von 99 Prozent, so wird von 10.000 Untersuchten neben dem einen tatsächlich Erkrankten auch ein Prozent der Gesamtgruppe fälschlich als positiv getestet. Das sind 100 Menschen. Von den 101 positiven Testungen war also nur eine korrekt; das ist also ein Verhältnis von 1:100. Insofern liegt die Wahrscheinlichkeit, dass ein positives Testergebnis eine tatsächliche Erkrankung anzeigt, bei einem Prozent. Das hat Sie jetzt überrascht? Doch es kommt noch besser: Von den Ärzten, die der Bildungsforscher Gerd Gigerenzer im Jahr 1998 mit Aufgaben dieses Typs konfrontierte, konnte nicht einmal jeder Fünfte die Wahrscheinlichkeit richtig einschätzen.

Sie nehmen im Rahmen einer routinemäßigen Vorsorgeuntersuchung an einem Test teil. Einer von 1000 Bürgern ist von einer Krankheit betroffen. Der Test liefert in fünf Prozent der Fälle ein falsches Ergebnis. Ihr Testergebnis ist positiv. Wie hoch ist die Gefahr, dass Sie an dieser Krankheit leiden?

(1) 95 Prozent
(2) 19 Prozent
(3) Über 50 Prozent
(4) Rund 2 Prozent

Lösung: Der niedrigste Wert ist zutreffend.

Die Gefahr, dass Sie an dieser Krankheit leiden, liegt extrem niedrig. Hätten Sie das gedacht? Wieder ist es hilfreich, sich die Bezugsmenge vor Augen zu führen: Von 1000 getesteten Menschen haben 999 diese Krankheit nicht. Wir gehen nun davon aus, dass die eine betroffene Person positiv getestet wird. Der nicht sehr treffsichere Test kategorisiert jedoch außerdem 50 gesunde Personen als krank (falsch positiv). Also hat bei der Gesamtzahl der positiv getesteten Menschen (rund 51) nur eine einzige Person diese Krankheit (rund 2 Prozent). Übrigens: 80 Prozent der befragten Ärzte tippten bei dieser Frage auf 95 Prozent!

Gerd Gigerenzer führt seit Jahren einen einsamen Kampf gegen das mutwillige Jonglieren mit Prozenten. Seine Befragungen decken immer wieder auf, dass selbst Experten die statistischen Zusammenhänge nicht durchschauen, sondern passende Zahlen suchen, um Klienten, Patienten und Öffentlichkeit für oder gegen etwas einzustimmen. Neben der Vernachlässigung von Bezugsgruppen und den Fehlerquoten bei Tests kann auch rein praktisch etwas schieflaufen, man denke etwa an Messfehler oder eine Vertauschung von Proben. Deshalb ist trotz aller klugen Zahlenspiele unbedingt zu empfehlen: Bei einer schwerwiegenden Diagnose sollte man das Testverfahren mit einer zweiten Probe wiederholen!

Hervorragend geeignet zur Panikmache sind relative Risikowerte. Ist Ihnen schon einmal das Frühstücksbrötchen im Halse stecken geblieben, weil Sie in der Morgenzeitung gelesen haben, dass bei Männern mit hohem Cholesterinspiegel die Gefahr eines Herzinfarkts um 50 Prozent steigt? Wie kommt es zu dieser alarmierenden Zahl? Die Statistik sagt, dass von 100 fünfzigjährigen Männern ohne hohen Cholesterinspiegel in den kommenden zehn Jahren ungefähr vier einen Herzinfarkt haben werden. Bei 100 Fünfzigjährigen mit hohen Werten werden es voraussichtlich sechs sein. Den Anstieg von vier auf sechs kann man natürlich als Zunahme von 50 Prozent beschreiben.

Ein weniger spektakuläres Bild der Situation ergibt sich, wenn man die höheren Zahlen zueinander in Beziehung setzt. Von 100 Männern im besten Alter und mit niedrigem Cholesterinwert werden in den nächsten zehn Jahren 96 höchstwahrscheinlich keinen Infarkt erleiden. Bei jenen mit erhöhten Werten werden es 94 sein. So gesehen ergibt sich ein Risikoanstieg von zwei Prozent. Erfahrungsgemäß helfen solche pragmatischeren Zahlen allerdings nicht wirklich, Verhaltensänderungen zu forcieren.

Die Darstellung macht's! Und bei schwerwiegenden Entscheidungen ist man immer gut beraten, alternative Präsentationen heranzuziehen, um unterschiedliche Aspekte des vorliegenden Problems und ihre Gewichtung in den Blick zu bekommen.

Ein englisches Forscherteam (Fahey, Griffiths und Peters) hat gezeigt, dass man auch einwandfreie wissenschaftliche Ergebnisse unterschiedlich an den Mann bringen kann. Eine randomisierte Studie zum Vergleich zweier Behandlungsformen einer Herzerkrankung (Verschluss einer Koronararterie) kam zu folgenden Ergebnissen:

Bypassoperation	1325 Patienten	350 Todesfälle (26,4 Prozent)
Medikamentengabe	1324 Patienten	404 Todesfälle (30,5 Prozent)

Die Herzoperation schnitt mit rund 54 weniger Todesfällen also etwas besser ab. Ihr Nutzen lässt sich auf vier Arten beschreiben:

1. Die absolute Risikoreduktion beträgt 4,1 Prozent (54 von 1325 Patienten oder 30,5 gegenüber 26,4 Prozent).
2. Die relative Risikoreduktion beträgt 13,4 Prozent (54 Überlebende gegenüber 404 Todesfällen).
3. Der Anteil der überlebenden Patienten beträgt bei der Operation 73,6 Prozent und bei der medikamentösen Therapie 69,5 Prozent.

4. Die Anzahl der Patienten, die operiert werden müssen, um einen Todesfall zu verhindern, beträgt 25.

Diese sachlich vollkommen übereinstimmenden Darstellungen verteilten die britischen Forscher auf vier Förderanträge, die sie Entscheidern im Gesundheitswesen vorlegten. Die Fachleute fielen auf die »knackigeren« Zahlen genauso herein wie der morgendliche Zeitungsleser. Ihnen schien das Projekt, das mit relativer Risikoreduktion prunkte, den meisten Nutzen zu bringen. Es folgte die Aufzählung notwendiger Operationen, um ein Menschenleben zu retten. Vermutlich nicht zuletzt wegen der hohen Anschaulichkeit. Weit abgeschlagen waren die seriösen Angaben zur absoluten Risikoreduktion und zum Vergleich der überlebenden Patienten. Unter dem Strich zeichnen sich sehr klar zwei alternative Strategien ab: Wenn Sie etwas verkaufen wollen, nehmen Sie die lauten Zahlen! Und wenn Sie etwas einkaufen wollen, vertrauen Sie auf die leisen!

Riskante Spiele

Drei Gegner, Alfred, Bernd und Carl, stehen einander in einem Dreier-Duell mit zwei Runden gegenüber. In der ersten Runde hat jeder in alphabetischer Reihenfolge einen Schuss frei: Zunächst darf Alfred schießen, dann Bernd, dann Carl. Nach dieser ersten Runde erhalten die Überlebenden – wiederum in alphabetischer Abfolge – die Gelegenheit zu einem zweiten Schuss. Für jeden der Duellanten gilt folgende Bewertung der Ergebnisse: Am erstrebenswertesten wäre es, allein übrig zu bleiben, das Zweitbeste wäre, einer von zwei Überlebenden zu sein, das Drittbeste wäre, wenn keiner getötet wird. Am wenigsten wünschenswert ist es, selbst getötet zu werden. Alfred (A) ist ein schlechter Schütze, seine Trefferquote liegt bei 30 Prozent, die von Bernd (B) liegt bei 80 Prozent und Carl (C) trifft immer. Wie sieht die optimale Strategie für Alfred aus?

Betrachten wir seine Optionen der Reihe nach: Wenn A in der ersten Runde auf B schießt und trifft, unterschreibt er sein eigenes Todesurteil. Als Nächster ist C an der Reihe und der trifft immer. C wird auf diese Gelegenheit nicht verzichten, denn dadurch kann er das für ihn optimale Ergebnis erreichen. Dass A auf B zielt, scheint also keine besonders sinnvolle Option zu sein. Wenn A auf C schießt und wenn er ihn auf eine Weise trifft, dass der beste Schütze ausfällt, dann bleibt immer noch B. Dieser wird mit Sicherheit auf A schießen. Wenn A also C ausschaltet, beträgt seine Überlebenswahrscheinlichkeit im ersten Durchgang kümmerliche 20 Prozent (gemessen an der Zielsicherheit von B). Insofern scheint keine der beiden Optionen besonders attraktiv.

Tatsächlich besteht die beste Strategie für A darin, in der ersten Runde in die Luft zu schießen! In diesem Fall wird B auf C schießen, und falls er nicht trifft, ist C an der Reihe und wird B töten. In der zweiten Runde liegt die Überlebenschance von A bei mindestens

30 Prozent. Das ist die Wahrscheinlichkeit, mit der er den verbleibenden Gegner erwischt.

Für kleine Fische ist es manchmal ratsam, auf die erste Gelegenheit, ein Star zu werden, zu verzichten. Alle vier Jahre lässt sich dieses Phänomen im amerikanischen Präsidentschaftswahlkampf beobachten. Bewerber aus beiden Parteien konkurrieren dort in einer ersten Runde zunächst parteiintern um die Kandidatur. Gibt es eine große Zahl an Bewerbern, dann wird der Favorit oft durch die kumulativen Angriffe der mittelgroßen Fische aus dem Tritt gebracht. Es kann vorteilhaft sein, zunächst abzuwarten und erst dann ins Rampenlicht zu treten, wenn die anderen sich schon attackiert und gegenseitig aus dem Rennen geworfen haben.

Ihre Gewinnchancen hängen also nicht nur von den eigenen Fähigkeiten ab, sondern auch davon, gegen wen Sie antreten. Ein schwacher Spieler, der niemanden bedroht, kann am Ende übrig bleiben, wenn die stärkeren Spieler sich gegenseitig aus dem Rennen geworfen haben. Obwohl C der beste Schütze ist, liegt seine Überlebenschance am Schluss der ersten Runde bei 14 Prozent. So viel zum Thema »Der Stärkste überlebt«! Die Chance von B, lebend aus dem riskanten Spiel hervorzugehen, beträgt 60 Prozent, wenn A auf C schießt. Durch die auf den ersten Blick verrückte Strategie des schlechtesten Schützen, ins Leere zu zielen, werden die Karten neu gemischt: Nun hat B nur noch eine 14-Prozent-Chance, das Spiel zu überleben.

Wenn es nicht nur um die Abhängigkeit von Wahrscheinlichkeitswerten geht, sondern um Akteure, die sich für unterschiedliche Spielzüge entscheiden können, tritt die Spieltheorie auf den Plan. Anfang des 20. Jahrhunderts von Mathematikern ersonnen, die den Gesetzmäßigkeiten von Konkurrenzspielen wie Schach oder Poker auf die Spur kommen wollten, hat sich daraus ein florierender Wissenschaftszweig entwickelt und vor allem in Biologie, Soziologie und Ökonomie neue Erkenntnisse zutage gefördert. Dabei eröffnet sich ein breites Spektrum an Spielvarianten: Den einen Pol markieren die sogenannten Nullsummenspiele, bei denen es am Ende nur Gewinner und Verlierer gibt, den anderen die sogenannten Koordinationsspiele, bei denen die Teilnehmer sich um die gemeinsame Bewältigung einer Aufgabe bemühen.

Durch Spiele lassen sich Wertzuweisungen ermitteln und vergleichen: Was wäre Ihnen ein Los wert, bei dem mit vergleichsweise hoher Sicherheit ein Abendessen mit Lady Gaga als Preis winkt? Wie würden Sie die folgenden Gewinne auf die Plätze eins, zwei und drei verteilen: ein Wochenende in Rom, ein Kaffeebecher mit dem Logo einer Eliteuni, eine Brotbackmaschine? In welchem Verhältnis würden Sie diese gegeneinander tauschen, zum Beispiel wie viele Becher gegen eine Backmaschine? Außerdem lassen sich auf diese Weise verschiedene Verhaltensmuster, beispielsweise Risikofreudigkeit, testen: Würden Sie Ihr Auto als Einsatz bereitstellen, wenn Sie mit einer Chance von $1/20$, also von 0,05 Prozent, eine Million Euro gewinnen könnten?

Manche Klassiker der Spieltheorie haben mittlerweile vielfältige Anwendungsfelder gefunden. Zum Beispiel das sogenannte Feiglingsspiel, das aus dem Bereich der Mutproben jugendlicher Gangs stammt: Zwei Autos rasen aufeinander zu; wer zuerst ausweicht, hat verloren. Es gibt für jeden Spieler eine klare Gewinnstrategie: Ich heize drauflos und der andere weicht aus. Weicht der andere aber gar nicht aus, bedeutet das: Wir stoßen zusammen. Die dritte Möglichkeit ist vielleicht die vernünftigste, aber auch die unattraktivste: selbst ausweichen. Die Parallelen zum Kräftemessen politischer Machtblöcke im Vorfeld kriegerischer Auseinandersetzungen liegen auf der Hand. Aber was kann man tun?

Die besondere Brisanz liegt in der Gleichzeitigkeit der Geschehnisse. Bereits die Aufteilung in mehrere aufeinanderfolgende Spielzüge bringt Entspannung, lässt das Verhalten der Kontrahenten eventuell transparenter werden und gibt dem gemeinsamen rationalen Ziel mehr Gewicht: die Kollision zu vermeiden. Allerdings kann sich in diesem Spiel eine Partei einen Vorteil verschaffen, indem sie die andere Seite an ihrer Rationalität zweifeln lässt. Das gelingt vor allem fundamentalistischen Staaten und so manchen Diktatoren, aber auch die Vereinigten Staaten haben sich zuweilen darum bemüht, wie durchgesickerte interne Informationen verraten. Das beste Mittel gegen derart heikle und vertrackte Spiele sind übergeordnete Regeln und Institutionen, zum Beispiel eine Straßenverkehrsordnung und Ampeln, die uns davor bewahren, an jeder Kreuzung das Feiglingsspiel zu riskieren.

Die Struktur solcher Spiele legt den Akteuren häufig Strategien nahe, die unterm Strich zu unerwünschten Ergebnissen führen. Obwohl sich die einzelnen Spieler vermeintlich rational verhalten, werden ineffiziente Arbeitsergebnisse erzielt, die Meere leer gefischt und Aktienblasen erzeugt. Die Spieltheorie kann auf verblüffende Weise offenlegen, wo es im System hakt und wie man durch Nachjustierung mit Sanktionen, Feedback und Anreizen ruinöse in konstruktive Spiele transformieren kann.

Die Spieltheorie zeigt auch, dass die Kooperation mindestens gleichwertig neben Wettbewerb und Schlitzohrigkeit steht. Das Prinzip, das den Unterschied macht, ist denkbar simpel: Wiederholung. Selbst hinterlistige Spiele werden zumeist entschärft, wenn die gleichen Teilnehmer sie immer wieder spielen müssen. Betrügereien funktionieren nicht mehr, wenn man sie voraussieht. In vielen Zusammenhängen ist Vertrauenswürdigkeit ein Kapital, das sich für alle auszahlt. Und diese Einsichten bringen wir bereits mit, bevor wir mit einem Spiel beginnen.

Beim sogenannten Ultimatumspiel waren die Forscher überrascht, dass die Teilnehmer scheinbar gegen alle Rationalität bereit waren, auf Geld zu verzichten. Der Ablauf ist denkbar einfach: Der Verteiler entscheidet vollkommen selbstbestimmt, wie viel von einem Geldbetrag (oder einem Kuchen) er dem Empfänger abgeben will. Der Empfänger kann das Zugeteilte nur entgegennehmen – oder den ganzen Deal platzen lassen. Dann bekommt keiner etwas. Nun wäre es für den Bieter ökonomisch rational, nur ein Minimum zu offerieren. Für den Empfänger wäre es ökonomisch rational, das Minimum anzunehmen, da die Alternative darin besteht, gar nichts zu bekommen. Aber so verhalten sich die Leute nicht. Es hat die Wissenschaftler bereits verblüfft, wie bereitwillig die meisten Verteiler ein gehöriges Stück abgaben. Noch mehr erstaunte sie allerdings die Reaktion der Empfänger: Erschien ihnen der Handel unfair, ließen sie ihn platzen. Offenbar zahlt es sich auf längere Sicht aus, Verluste in Kauf zu nehmen, um Standards von Fairness aufrechtzuerhalten und um Betrüger, Trittbrettfahrer und andere Störenfriede abzustrafen.

Wetten, dass ...?

Im Abschlussszenario einer Fernsehshow sind drei verschlossene Türen aufgebaut. Hinter einer von ihnen winkt der Hauptgewinn, ein Auto; hinter den anderen beiden steht jeweils eine Ziege. Der Ablauf ist folgender: Nachdem sich der Kandidat eine der drei geschlossenen Türen ausgesucht hat, öffnet der Showmaster eine der beiden anderen Türen und zeigt ihm die Ziege, die sich hinter dieser verbirgt. Danach muss der Kandidat sich entscheiden, ob er bei seiner ursprünglichen Wahl bleibt oder stattdessen auf die verbleibende Tür setzt. Erhöht er seine Gewinnchancen, wenn er wechselt?

Lösung: Ja. (Auch wenn es für die meisten von uns völlig unlogisch klingt.)

Bei Spielbeginn beträgt die Wahrscheinlichkeit, dass das Auto hinter der gewählten Tür steht, ein Drittel. In einem Drittel der Fälle wird also das Beharren auf der ursprünglichen Wahl mit einem Auto belohnt. Indem der Showmaster eine der Nieten ausschließt, erhöht sich die Wahrscheinlichkeit eines Treffers auf zwei Drittel. Jetzt noch zu wechseln, wird also in zwei von drei Fällen zum Hauptgewinn führen.

Wenn es um Statistik und Wahrscheinlichkeit geht, liegt die Intuition oft falsch, weil uns dafür die Alltagserfahrung fehlt. Das sogenannte Ziegenproblem hat es zu einigem Ruhm gebracht, nicht zuletzt, weil es auf die amerikanische Fernsehshow *Let's Make A Deal* zurückgeht. Große Wogen schlug im Jahr 1990 ein Artikel im US-Wochenmagazin *Parade,* verfasst von der Journalistin Marilyn vos Savant. Vos Savant wurde übrigens in den 1980er-Jahren zeitweise als der Mensch mit dem höchsten IQ auf diesem Planeten im Guinnessbuch der Rekorde geführt. Die angegebene – korrekte – Lösung, der Wechsel sei sinnvoll, weil er die Gewinnchancen auf zwei

Drittel erhöhe, löste einen Sturm des Protestes unter den Lesern aus, darunter nicht wenige mit einem Doktortitel in Naturwissenschaften. Das Interessante am Ziegenproblem ist also nicht in erster Linie die Lösung, sondern die Frage, wie wir mit Ergebnissen umgehen, die unserer Intuition widersprechen – und wie man diesen Widerspruch eventuell auflösen kann.

Nachdem die Savant-Debatte in den *Sceptical Inquirer* und die *New York Times* gespült war, griff der Wissenschaftsjournalist Gero von Randow sie für die *Zeit* auf. Das Ergebnis war wieder das gleiche: aufgebrachte Mathe-Lehrer und entrüstete Vertreter des gesunden Menschenverstands. Am Ende hat er ein unterhaltsames kleines Buch über das Ziegenproblem geschrieben, das zugleich eine gute Einführung in die Wahrscheinlichkeitsrechnung ist. Dort erklärt er auch in nachvollziehbaren Schritten das nach dem englischen Mathematiker Thomas Bayes (1702–1761) benannte Theorem, mit dem sich bedingte Wahrscheinlichkeiten berechnen lassen. Hier das Ergebnis. Wenn der Kandidat die verschlossene Tür 1 wählt und der Showmaster die Ziege hinter Tür 3 zeigt, beträgt die Wahrscheinlichkeit (p), dass sich das Auto hinter Tür 2 befindet (A2), angesichts der geöffneten dritten Tür (M3):

$$p(A2|M3) = \frac{p(M3|A2) \times p(A2)}{p(M3|A2) \times p(A2) + p(M3|A1) \times p(A1) + p(M3|A3) \times p(A3)}$$

$$\frac{1/3}{1/3 + 1/6} = 2/3$$

Und für das Beharren auf der gewählten Tür ergibt sich die Wahrscheinlichkeit eines Treffers von:

$$p(A1|M3) = \frac{p(M3|A1) \times p(A1)}{p(M3|A1) \times p(A1) + p(M3|A2) \times p(A2) + p(M3|A3) \times p(A3)}$$

$$\frac{1/6}{1/6 + 1/3} = 1/3$$

Alles klar? Von Randow gelingt es tatsächlich, dieses Ungetüm verständlich zu machen. Vor allem probiert er eine Vielzahl möglicher Darstellungsformen aus, um das Problem anschaulich zu machen, von Visualisierungen über die Transformation in andere Geschichten (drei Schiffbrüchige auf See) bis hin zu Versionen mit 1000 Türen. Der zentrale Knackpunkt liegt allerdings darin, dass die Wahrscheinlichkeitsverteilung sich auf alle denkbaren Variationen bezieht. Man kommt hier nur zu einem realistischen Ergebnis, wenn man sich die mehrfache Wiederholung von Ereignissen vor Augen führt.

Als Kandidat steht man in der konkreten Situation jedoch vor einer einzigen Entscheidungsmöglichkeit: bei der getroffenen Wahl zu bleiben oder zu wechseln. Die meisten von uns starren deshalb auf diese Situation wie das Kaninchen auf die Schlange und sehen nur noch zwei verschlossene Türen und die Wahl zwischen ihnen. Mit dem Öffnen der einen Tür wurde das Spiel kurzerhand umdefiniert und nun scheint es eine – leichter nachvollziehbare – 50:50-Chance zu geben. Die Frage nach komplizierteren Berechnungen führt geradewegs in die Denkblockade. Erschwerend kommt noch die instinktive Verlustaversion hinzu, die wir bereits kennengelernt haben. Wenn ich anfangs auf die richtige Tür getippt hatte und mir durch einen Wechsel der Hauptgewinn flöten geht, erlebe ich das massiv als Verlust, denn ich »hatte« das Auto ja praktisch schon.

Die beste Darstellung des Ziegenproblems findet sich bei Gerd Gigerenzer, der das gesamte Set mit einer festgelegten Verteilung durchspielt. Hinter Tür 1 befindet sich eine Ziege, hinter Tür 2 das Auto und hinter Tür 3 wieder eine Ziege.

Variante 1: Der Kandidat tippt auf Tür 1, der Showmaster öffnet Tür 3. In diesem Fall gewinnt man durch Wechseln und verliert durch Beharren.

Variante 2: Der Kandidat tippt auf Tür 2, hinter der sich der Hauptgewinn verbirgt. Der Showmaster öffnet eine der beiden anderen

Türen. In diesem Fall gewinnt man durch Beharren und verliert durch einen Wechsel.

Variante 3: Der Kandidat tippt auf Tür 3, der Showmaster öffnet Tür 1. Wieder ein Fall, in dem man durch Wechseln gewinnt.

Fazit: In zwei von drei möglichen Fällen ist der Wechsel also die Siegerstrategie.

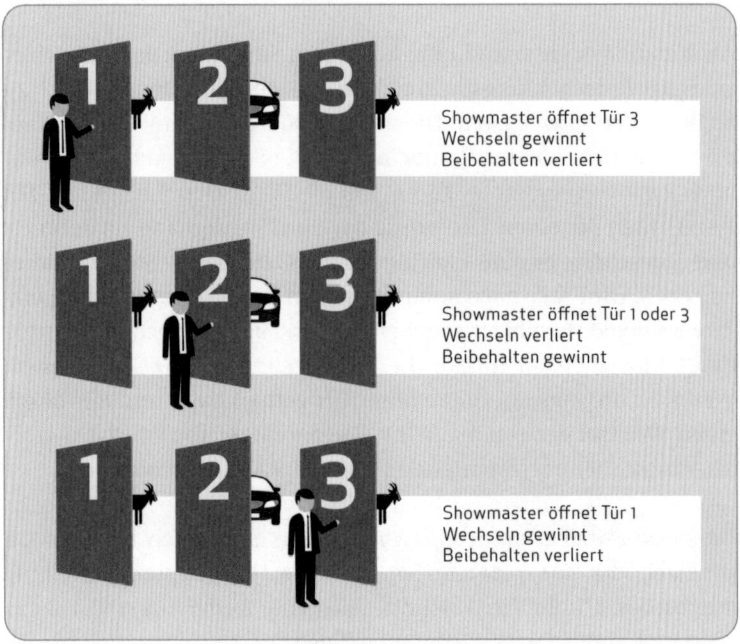

Experten vor Gericht

Kann man Schuld mathematisch berechnen? Im NZZ Folio 01/06 können Sie folgende Begebenheit lesen:

Los Angeles, 1964: Juanita Brooks spaziert nach Hause, wird plötzlich angerempelt und fällt hin. Als sie aufschaut, glaubt sie eine Frau in dunkler Kleidung und mit hellem bis dunkelblondem Haar zu erkennen, die wegrennt. Dann bemerkt sie, dass ihre Brieftasche mit rund 40 Dollar fehlt. Ein Zeuge hört ihren Schrei und beobachtet, wie eine Frau mit dunkelblondem Pferdeschwanz in ein gelbes Auto steigt. Am Steuer sitzt ein Schwarzer mit Schnauzer und Bart.

Die Beschreibungen passen auf Janet und Malcolm Collins. Da sie nicht geständig sind und sowohl Opfer wie Zeuge sie nicht klar identifizieren können, lädt der Staatsanwalt einen Mathematiker vor: Er soll berechnen, wie wahrscheinlich es ist, dass die Collins unschuldig sind. Der Mathematiker erklärt, dazu müsse man die Wahrscheinlichkeiten der einzelnen Merkmale miteinander multiplizieren.

Der Staatsanwalt trifft folgende Annahmen: Die Chance, dass es sich beim Auto um ein gelbes gehandelt hat, beträgt 1 zu 10, beim Mann mit Schnauzer geht er von 1 zu 4 aus, bei einem Afroamerikaner mit Bart von 1 zu 10, bei einer Frau mit Pferdeschwanz von 1 zu 10, bei einer Frau mit blondem Haar von 1 zu 3 und bei einem gemischtrassigen Paar, das zusammen in einem Auto sitzt, von 1 zu 1000. Wie vom Mathematiker vorgeschlagen, rechnet er $1 : (10 \times 4 \times 10 \times 10 \times 3 \times 1000)$. Das würde bedeuten: Nur auf eines von 12 Millionen Paaren treffen alle Merkmale zu. Der Staatsanwalt folgert daraus: Die Wahrscheinlichkeit, dass die Angeklagten das Verbrechen nicht begangen haben, beträgt 1 zu 12 Millionen. Die beiden werden schuldig gesprochen.

Ein Berufungsverfahren hebt das scheinbar präzise berechnete Urteil auf. Die Richter lassen sich von der Zahl nicht blenden. Sie finden grundsätzliche Denk- und Verfahrensfehler. Zum einen vermissen sie zuverlässige Grundlagen für die Wahrscheinlichkeitsschätzungen der einzelnen Merkmale. Die Wahrscheinlichkeit von 1 zu 1000 für ein gemischtrassiges Paar im gleichen Auto zum Beispiel ist schlicht aus der Luft gegriffen. Außerdem wurde nicht geprüft, inwieweit die einzelnen Tätermerkmale statistisch unabhängig voneinander sind; nur dann dürfen sie miteinander multipliziert werden. Ein Afroamerikaner mit Bart trägt möglicherweise zugleich einen Schnauzer. Außerdem zog man nicht in Betracht, dass die Täter eventuell einen falschen Bart oder eine Perücke trugen.

Schließlich – und das ist entscheidend – saß der Staatsanwalt einem Trugschluss auf, der deshalb auch *prosecutor's fallacy* heißt: Selbst wenn die Wahrscheinlichkeit des gemeinsamen Auftretens der genannten Merkmale lediglich bei 1 zu 12 Millionen läge, wäre das nicht mit einer millionenfachen Wahrscheinlichkeit der Schuld der Angeklagten gleichzusetzen. Allein in Kalifornien leben rund 24 Millionen Paare. Selbst bei der errechneten astronomisch geringen Wahrscheinlichkeit sind dort 1964 zwei solche Paare in einem gelben Auto herumgefahren. Ob die Collins das schuldige oder das unschuldige Paar gewesen sind, kann die mathematische Berechnung nicht feststellen. Dafür braucht man Ermittlungsfakten.

Der Fall Collins taucht bis heute in Fachpublikationen auf, wenn es um die Rolle der Statistik vor Gericht geht. Richter und Geschworene stützen sich bei ihren Urteilen nämlich zunehmend auf Gutachten, die Wahrscheinlichkeitswerte beinhalten. Die Zuverlässigkeit vieler moderner forensischer Techniken lässt sich in Prozenten ausdrücken. Seit Mitte der 1980er-Jahre, als der sogenannte genetische Fingerabdruck Einzug in die Gerichte hielt, gehören Protokolleinträge wie »Fehlerwahrscheinlichkeit 0,01 Prozent« zum Alltag der Juristen.

Um Statistiken richtig interpretieren zu können, fehlt jedoch auch im Gerichtssaal oft das Rüstzeug. Weder gehört Statistik zum Lehrstoff von Juristen noch können Laienrichter, Schöffen oder Geschworene sie richtig lesen. Um den Einsatz der Statistik in Prozessen ist darum in letzter Zeit ein Streit entbrannt. Sehen die einen hier die Möglichkeit, genauere und objektivere Urteile zu fällen, möchten die anderen Statistiken im Gerichtssaal verbieten: Diese seien für viele Menschen kaum zu durchschauen und leicht zu manipulieren. Vor allem im angelsächsischen Raum mit seinen Geschworenengerichten und der entsprechenden Überzeugungsrhetorik haben kühne Wahrscheinlichkeitsrechnungen immer wieder den Ausgang von Verfahren beeinflusst. Gerade die extrem kleinen oder großen Wahrscheinlichkeiten drängen dann die Fragen nach dem Tathergang in den Hintergrund.

Beim spektakulären Mordprozess gegen O.J. Simpson wurden die Richter und Geschworenen regelrecht mit Statistiken bombardiert. Simpson wurde 1994 wegen Mordes an seiner Frau und ihrem Liebhaber angeklagt. Ein Blutstropfen, der am Hinterausgang von Simpsons Haus gefunden worden war, schien dem Prozess zunächst eine entscheidende Wendung zu geben. Ein Sachverständiger sagte nämlich aus, aufgrund des DNA-Profils betrage die Wahrscheinlichkeit, dass der Blutstropfen von einer anderen Person als dem Angeklagten stamme, 1 zu 57 Milliarden. Die Prozessbeobachter waren sich einig: Diese Wahrscheinlichkeit ist ein starkes Glied in der Beweiskette, die zu Simpsons Verurteilung führen musste.

Doch sie täuschten sich. Simpson muss nicht schon deshalb der Täter sein, weil seine DNA mit derjenigen in der Blutspur aller Wahrscheinlichkeit nach identisch ist. Mit der wahrscheinlichen Übereinstimmung der DNA allein ist noch nicht geklärt, wie, wann und wieso der Blutstropfen dorthin gekommen ist, wo man ihn fand. Es ist nicht einmal ausgeschlossen, dass die Analyse des Blutes fehlerhaft war. So räumte ein Labormitarbeiter beim Simpson-Prozess ein, dass eine von 200 DNA-Analysen ein falsch positives Resultat liefert. Den Verteidigern gelang es, Zweifel an der vermeintlich so starken Verbindung zwischen »Urheber der Spur« und »Anwesenheit am Tatort« zu schüren. Ihre Hinterfragung der Statistiken trug dazu bei, dass die Geschworenen – vermutlich aus lauter Verwirrung – Simpson schließlich freisprachen.

In Deutschland und in der Schweiz ist es bisher nicht zu ähnlich spektakulären Gerichtsverhandlungen gekommen. Mit Statistiken Prozesse zu führen und die Wahrscheinlichkeit der Schuld auszurechnen, gehört nicht zur Rechtskultur dieser Länder. Das hat verschiedene Gründe. Zum einen gibt es in Deutschland gar keine Geschworenenprozesse; in der Schweiz wurden sie 2010/2011 de facto abgeschafft. Die Kontrahenten vor Gericht müssen also weniger Laien auf der Geschworenenbank als vielmehr meist professionell tätige Richter beeindrucken. Zum anderen wird in beiden Ländern das Unmittelbarkeitsprinzip nicht derart konsequent angewendet. Ist die Untersuchung abgeschlossen und kommt es zur Anklage, studiert der Richter die Akten, bevor er den Prozess führt. In den unmittelbaren Verfahren der USA und Großbritanniens hingegen bekommen Richter und Geschworene Gutachten erst während des Prozesses zu Gesicht.

Aber auch deutsche und Schweizer Richter kommen bei der Urteilsfindung nicht aus dem Bereich der Wahrscheinlichkeiten heraus. Wir erinnern uns: Gewissheit ist eine Illusion. Wägen sie Aussagen und Fakten gegeneinander ab, wird am Ende immer die Frage stehen, wie groß die Zweifel an der Schuld – oder Unschuld – des Angeklagten bleiben. Weil niemand zu 97 Prozent schuldig gesprochen wird und weil kein Richter seinen Zweifeln eine Prozentzahl zuordnet, gibt es darüber allerdings keine statistische Debatte.

Wie viel Zweifel reichen, um einen Angeklagten freizusprechen? Ein Prozent? Zwei? Fünf? Ein Prozent Zweifel klingt nach sehr wenig, bedeutet aber auf Verurteilungen umgerechnet, dass einer von 100 Verurteilten unschuldig im Gefängnis sitzt. Wie viele unschuldig Verurteilte darf ein Rechtssystem produzieren? Die Rolle der Statistik im Gerichtssaal führt uns vor Augen, dass unser Rechtssystem nicht perfekt ist. Die Richter können dem grundsätzlichen Dilemma nicht entkommen: Genügen ihnen bei der Urteilsfindung wenige »vernünftige Zweifel« an der Schuld des Angeklagten, erhöhen sie die Wahrscheinlichkeit, dass ein Schuldiger auf freien Fuß gesetzt wird. Halten sie es umgekehrt, ist die Chance größer, dass ein Unschuldiger verurteilt wird.

Sich mit Zahlen anfreunden

Die Intensivstation der Uniklinik in Ann Arbor war hoffnungslos überfüllt. Eine genauere Untersuchung ergab, dass die Hälfte der Patienten dort gar nicht hingehörte. Offensichtlich war man in der Notfallaufnahme bei Herzbeschwerden übervorsichtig. Eine Forschergruppe der Universität Michigan um Michael Pozen entwickelte daraufhin ein innovatives Diagnoseverfahren (Heart Disease Predictive Instrument; HDPI), bei dem die Ärzte Wahrscheinlichkeitswerte in einen speziellen Rechner tippen mussten, der dann anhand einer komplizierten Formel einen Schwellenwert berechnete, ab dem ein Patient auf die Intensivstation verlegt wurde. Grundlage war eine Tabelle mit 50 statistischen Werten zu unterschiedlichen Symptomen eines Herzinfarkts.

Die Ärzte beklagten sich bitter über das umständliche Verfahren – aber die Fehlbelegungen auf der Intensivstation sanken deutlich. Die Forscher waren sehr stolz auf ihr Verfahren, machten zur Sicherheit aber einen Gegencheck: Sie nahmen den Ärzten Tabellen und Rechner wieder weg. Das verblüffende Ergebnis: Die Diagnosen blieben weiterhin auf dem verbesserten Niveau. Hatten die Mediziner ein fotografisches Gedächtnis? Die Ärzte selbst gaben an, dass sie die Tabelle im Grunde nicht verstanden. Wieso waren ihre Diagnosen trotzdem besser geworden? Bildungsforscher Gerd Gigerenzer, der zu diesem Zeitpunkt hinzugezogen wurde, fand die simple Antwort: Die erzwungene Auseinandersetzung mit den exakten Verteilungswerten der unterschiedlichen Symptome hatte den Blick der Ärzte geschärft. Sie besaßen nun ein klareres Gefühl für die Gewichtung der Befunde. Ihre Intuition hatte sich verbessert.

Wir haben also eine paradoxe Situation: Gerade jene exakten Darstellungsformen eines Problems, die wir intuitiv so schwer nachvollziehen, können uns helfen, unser alltägliches Entscheidungsverhalten massiv zu verbessern. Man muss nur wissen, wie. Daniel Kahneman und Amos Tversky haben ja genau damit angefangen:

Sie dachten sich spieltheoretisch oder probabilistisch eindeutige Testsituationen aus und ließen ihre Probanden intuitiv darauf reagieren. So konnten sie kognitive Verzerrungen und typische Fehlurteile herausarbeiten.

2002 hat Kahneman in einem Aufsatz mit Shane Frederick auf die Fruchtbarkeit einer Verbindung beider Denkweisen *(Dual Process Model)* hingewiesen. Man kann auf zwei vollkommen unterschiedliche Arten zu Einschätzungen und Entscheidungen gelangen: auf die »rasche, assoziative, automatisierte, mühelose und intuitive Weise« der Alltagsheuristiken oder in einem bewussten Prozess der Regelanwendung und Berechnung, der allerdings deutlich langsamer und aufwendiger ausfällt. Für schwierige oder besonders wichtige Entscheidungen empfiehlt Management-Professor Max Bazerman eine Absicherung durch Einsetzen beider Herangehensweisen.

Ulrich und Johannes Frey, Experten zum Thema Denkfehler, schreiben: »Menschen beherrschen eine Welt der mittleren Dimensionen. Diese Welt, mit der wir intuitiv gut umgehen können, fängt bei Millimetern an und hört bei Kilometern auf, schließt Sekunden bis Jahre ein und lässt uns mit Gewichten von Gramm bis Tonnen gut umgehen. Das gilt auch für Komplexität. Systeme mit einigen Variablen sind für uns in der Regel gut durchschaubar und beherrschbar. Alles, was darüber hinausgeht, stellt uns vor massive Verständnisprobleme.« Die gute Nachricht: Innerhalb dieses Rahmens ist unser Alltagsdenken unschlagbar. Die Berechnungsvariante ist keine ernsthafte Konkurrenz. Für sie stehen in der Regel weder die nötigen Informationen noch genügend Zeit und Kapazität zur Verfügung.

Wenn wir uns jedoch außerhalb jener mittleren Dimensionen bewegen oder Entscheidungen von großer Tragweite zu fällen sind, gilt es, die Hilfe der exakten Zahlen anzunehmen. Wer für Hunderte von Millionen Euro eine Marssonde losschickt, wird die Berechnungen nicht auf einem Bierdeckel machen. Die Wissenschaft, meinen Frey und Frey, hilft uns, über den Alltagsverstand hinauszuwachsen: »So wie Mikroskop und Teleskop unsere Sehleistung verstärken, können Statistik und systematische, kontrollierte Experimente unsere Intuitionen auf eine ganz neue Basis stellen.«

Um einen Grundkurs in Wahrscheinlichkeitsrechnung und Statistik kommt man als mündiger Bürger also kaum noch herum. Dass hier in der Vermittlung noch viel verbessert werden kann, hat Bildungsforscher Gigerenzer gezeigt. Zum laienhaften Nachvollziehen gehört auch, dass man die gängigsten rhetorischen Tricks in der Zahlenpräsentation durchschaut. Entscheidend für den Alltag ist es, zu erkennen, wann man bei der Intuition die Pause-Taste drücken sollte und stattdessen den Rechner einschaltet oder Expertenrat einholt. Und dafür gibt es deutliche Signale.

Zunächst müssen die meisten Probleme erst einmal aus dem Nebel geholt werden, in dem sie nur schemenhaft zu erkennen sind. Auch wenn das manchmal viel Einsatz erfordert. Worum geht es überhaupt? Was ist das Ziel? Welche Optionen gibt es? Meist lässt sich dann schon viel klarer sehen, ob man mit dem alltäglichen Handwerkszeug entscheiden kann oder größeres Geschütz auffahren muss.

Leider führt gerade das Hinzuziehen exakter Hilfsmittel oft zu weiterer Vernebelung. Hier gilt die Grundregel: Keine falsche Zurückhaltung! Die Sachverhalte oder Szenarios, um die es geht, müssen durch die Zahlen deutlicher werden, sonst läuft etwas falsch. Fragen Sie nach, und bestehen Sie darauf, dass das vorgelegte Material überschaubare Relationen ohne Maßstabssprünge oder Bezugswechsel erzeugt! Wenn Sie sich mit Zahlen anfreunden wollen, müssen Sie in die Beziehung investieren und sie pflegen.

Zahlen darstellen

Wahrscheinlichkeit lässt sich in einem Spektrum zwischen eins (sicher) und null (unmöglich) darstellen. Zahlen mit Nachkommastellen geben die Position auf dieser Skala an: »0,5« bedeutet, dass das Eintreffen eines Ereignisses ebenso wahrscheinlich wie unwahrscheinlich ist. Also zum Beispiel das Obenliegen der Zahl beim Münzwurf. Im englischsprachigen Raum schreibt man übrigens einen Punkt statt des Kommas und darf die Anfangsnull weglassen, dort heißt es also ».5«.

Den gleichen Wert bringt der »gewöhnliche Bruch« zum Ausdruck. Die Bezeichnung »½« hat zugleich ein höheres Anschaulichkeitspotenzial. Sie drückt nicht nur den Wahrscheinlichkeitswert »ein halb« aus, sondern auch die zu erwartende Häufigkeit. Wenn ich lange genug Münzen werfe, wird »jede zweite« die Zahl zeigen. Genauso gut kann der Bruch als Chance »eins von zwei« interpretiert werden. Dann lese ich den Nenner als Zahl der bestehenden Möglichkeiten (Kopf oder Zahl) und sehe, dass sie gleich wahrscheinlich sind. Aber Achtung: Im Spielerjargon spricht man von einer Trefferquote »eins zu eins«: Die Wahrscheinlichkeit des erwünschten Ereignisses (die Münze zeigt die Seite, auf die ich gewettet habe) ist genauso groß wie die des unerwünschten (ich verliere). Das umgangssprachliche »50 : 50«, das hier auch hin und wieder verwendet wurde, geht in die gleiche Richtung, denn ich kann »½« oder »0,5« auch als »50 Prozent« beschreiben.

Nun haben wir bereits drei unterschiedliche Ausdrucksformen! Die meisten von uns können jedoch nur mit wenigen Brüchen und den entsprechenden Prozentzahlen wirklich gut hantieren: einer Hälfte, einem Viertel und den Dezimalbrüchen einem Zehntel, Hundertstel, Tausendstel. Hier gelingt es uns mühelos, in Dezimalbrüche oder Prozente umzurechnen, was manchmal das Kopfrechnen enorm erleichtert.

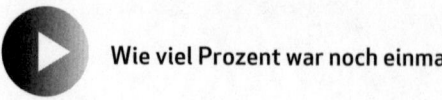

Wie viel Prozent war noch einmal ⅛?

Lösung: 12,5 Prozent

Richtig anschaulich ist »eins von acht« aber nur in einer Gruppe von acht Personen. Einer von ihnen hat beispielsweise eine ausgesprochene Rechenschwäche oder ist Opfer einer Fehldiagnose …

Gerd Gigerenzer fordert deshalb unermüdlich, von Sätzen wie »Der Test hat eine Trefferquote von 87,5 Prozent« oder »Seine Fehlerquote liegt bei 12,5 Prozent« zu Aussagen über Häufigkeitsverteilungen in großen Gruppen überzugehen: »Von 10.000 getesteten Menschen erhalten 1250 eine falsche Diagnose.« Das können wir uns deutlich besser vorstellen als die Aussage über die Eigenschaften des Tests – und auch als die Formulierung »jeder Achte«. Erstaunlich: Mit einem Mal erscheint die Tendenz, beherzt von 87,5 auf 90 Prozent aufzurunden, ziemlich leichtfertig. Gigerenzers Vorschlag ist Gold wert, allein deshalb, weil er darauf hinausläuft, eine einheitliche und anschauliche Bezugsgröße konsequent durchzuhalten.

Der legendäre Physiker Richard Feynman wird gerne mit einer für sein Fachgebiet verblüffenden Aufforderung zitiert: Man solle sich gezielt darum bemühen, verschiedene Darstellungen für physikalische Gesetze zu finden, auch wenn sie mathematisch vollkommen gleichwertig seien. Diese Suche nach alternativen Formulierungen habe ihm geholfen, auf unerwartete Lösungsmöglichkeiten zu stoßen. Und davon hat Feynman eine beachtliche Zahl vorzuweisen.

Ohne jeden Zweifel ist das ein guter Rat für die Phase der Sichtung, Klärung und Definition eines Problems. Hier lohnt es sich, eine Extrarunde zu drehen, um die Lage auch aus einem anderen Blickwinkel zu sondieren. Wenn es in der Schlussphase um die Entscheidung zwischen Handlungsalternativen geht, gilt aber gerade die umgekehrte Devise: Vergleichen Sie nicht Äpfel und Birnen. Verschiedene Szenarios oder Optionen müssen in einem klaren Rahmen mit durchgehaltenem Maßstab und Bezugsgrößen dargestellt werden, um vernünftig zwischen ihnen wählen zu können.

Teil 6

Ganz schön komplex

Kanizsa-Dreieck: Sehen Sie ein weißes Dreieck?

Kanizsa-Dreieck

Der italienische Gestalttheoretiker Gaetano Kanizsa (1913–1993) entdeckte, dass unser Gehirn nicht vorhandene Objekte konstruiert, wenn dies die ökonomischste Interpretation vorgefundener Lücken darstellt.

Willkommen in Lohhausen

Herzlichen Glückwunsch, Sie sind Bürgermeister eines beschaulichen Städtchens im deutschen Mittelgebirge! Die meisten der 3700 Einwohner sind für die ortsansässige Uhrenfabrik tätig. Da diese ein städtischer Betrieb ist, können Sie als Gemeindeoberhaupt ziemlich weitgehend in das Leben der Lohhausener eingreifen. Auch Ihre Gestaltungsmöglichkeiten, was die Besteuerung und beispielsweise Baumaßnahmen betrifft, gehen deutlich über den Rahmen gängiger Kommunalpolitik hinaus. Der Regierungsauftrag: »Ihre Aufgabe ist es, für das Wohlergehen der Stadt in der näheren und ferneren Zukunft zu sorgen. Was Sie dafür unternehmen, ist Ihre Sache.« In dem hübschen Ort gibt es Gasthäuser, Arztpraxen, Kindergärten, eine Bank, einen Bahnhof, Telefonzellen – nur den Ort Lohhausen gibt es nicht.

Das lokalpolitische Planspiel war eine Computersimulation der Forschergruppe um den Psychologen Dietrich Dörner, die damit ab 1979 an der Universität Bamberg das Entscheidungsverhalten von Probanden in komplexen Problemsituationen untersuchte. Ein Großrechner machte es möglich: Erstmals konnte das Wechselspiel einer Vielzahl von Variablen unter kontrollierten Bedingungen beobachtet werden. Wie wirkt sich die Erhöhung des Werbeetats der Fabrik auf den Umsatz aus? Kurbelt eine Lohnerhöhung den Konsum an? Stoppt eine Verkehrsberuhigung des Stadtzentrums die Tendenz zur Abwanderung »auf die grüne Wiese«? Kommt durch eine höhere Besteuerung wirklich unter dem Strich mehr Geld ins Stadtsäckel? Vor allem ließen sich die Reaktionen und das Entscheidungsverhalten der Versuchsbürgermeister im Detail beobachten.

Die Studierenden, die jeweils in acht Sitzungen zehn Jahre Lohhausener Lokalpolitik simulierten, erhielten als Reaktion auf ihre Anordnungen und Maßnahmen Tabellen über ökonomische, demografische, soziale und psychologische Auswirkungen ihrer Entscheidungen, zum Beispiel über die Zahl der Arbeitslosen und

Wohnungssuchenden, die Höhe des städtischen Kapitals und der Produktionsleistung der Fabrik. Manch einer der Laborpolitiker kam ganz schön ins Schwitzen. Kindergartenplätze und Freizeitanlagen sind eine schöne Einrichtung, aber Wohl und Wehe der Kommune hängen vom Umsatz der Fabrik ab. Steuererhöhungen tun der Stadtkasse gut, mancher Bürger ist darüber aber so verärgert, dass er fortzieht und als Steuerzahler ausfällt. Wenn Meldungen über schleppende Bearbeitungen beim Einwohnermeldeamt und defekte Maschinen in der Fabrik auf einen einprasseln, ist es schwer, sich nicht zu verzetteln, sondern das Wesentliche im Blick zu behalten.

Rund 2000 Variablen programmierten die unermüdlichen Forscher, um den Wünschen der Lohhausener Bürgermeister entgegenzukommen. Damit haben sie eine neue Ära in der Untersuchung problemlösenden Verhaltens eingeläutet: den Übergang von Kippfiguren, Streichholz-Arithmetik und Umfüllaufgaben zu komplexen, vernetzten und intransparenten Situationen, Situationen also, wie sie uns täglich begegnen. Weitere Simulationen folgten: unter anderem eine Schneiderwerkstatt, ein Heizölhandel, eine Textilfabrik, ein Kühlhaus, außerdem die Entwicklungshilfe-Szenarien Moro und Tanaland, in denen es galt, den Ausbau der Landwirtschaft und die Bekämpfung von Krankheiten mit dem zu erwartenden Bevölkerungswachstum und der Begrenzung der Wasserressourcen in Einklang zu bringen. Die Ergebnisse hat Dörner in einem ebenso unterhaltsamen wie lehrreichen Buch mit dem Titel *Die Logik des Misslingens* zusammengefasst.

Was die Wissenschaftler über die vertrackten Eigenschaften komplexer Systeme und den meist ebenso hilflosen wie selbstherrlichen Umgang mit diesen herausfanden, erfahren Sie in den folgenden Kapiteln. Wir werden dabei einigen alten Bekannten wiederbegegnen: etwa der Selbstüberschätzung, dem kognitiven Geiz und der Fehleinschätzung exponentiellen Wachstums. Und wir werden ein paar neue Grundpfeiler der Entscheidungsinkompetenz kennenlernen: ballistisches Verhalten, Kontrollillusion, Fluchtverhalten und Verschwörungstheorien.

Was sind komplexe Systeme?

Stellen Sie sich vor, Sie haben das zweifelhafte Vergnügen, die folgende weiterentwickelte Form des Schachspiels zu erproben: Die Figuren sind untereinander mit Gummifäden verbunden. Bei jedem Spielzug ändern mehrere zugleich die Position. Sowohl die eigenen als auch die gegnerischen Figuren bewegen sich darüber hinaus von allein, und zwar nach Regeln, die Sie nicht verstehen. Hinzu kommt, dass sich ein Teil der Figuren und des Spielfelds in einem Kasten befindet, in den Sie nicht hineinschauen können. Was dort durch kleine Klappen verschwindet und herauskommt, überrascht Sie immer wieder aufs Neue. Sie meinen, von diesem Spiel sollte man die Finger lassen? Schön wär's. Die meisten Situationen, mit denen wir im Alltag konfrontiert sind, zeigen die Merkmale dieses verrückten Spiels, das Problemlösungsforscher Dietrich Dörner sich ausgedacht hat, um klarzumachen, was komplexe Systeme sind.

Da ist zunächst einmal der bloße Problemumfang. Wir haben am Beispiel der Verschiebung einer Hüftoperation gesehen, dass schon die Wahl zwischen drei Alternativen uns in bestimmten Situationen außer Gefecht setzen kann. Mehr als sieben Varianten bewältigen wir rein kognitiv nicht, geschweige denn die Auswahl zwischen 20 Marmeladen. Die Lohhausen-Simulation arbeitete hingegen mit 2000 Variablen. Und selbst das ist immer noch ein künstlicher und übersichtlicher Ausschnitt aus dem wahrhaft prallen Leben.

Das zweite Kennzeichen komplexer Systeme ist ihre Vernetztheit, die Dörner so anschaulich mit dem Gummiband darstellt, das die Spielfiguren verbindet. Sind die Variablen nicht unabhängig voneinander, verändere ich immer das ganze Spielfeld, wenn ich eine bewege. Dabei geht es zum Teil um Binsenweisheiten. Mehr Zeit für den Job bedeutet weniger Zeit für die Familie. Höhere Stückzahlen können die Gewinnmarge nach oben treiben – aber auch die Lagerkosten. Zum Teil lauern hier auch echte Überraschungen. Das sensationelle neue Produkt, das ich auf den Markt bringe, wird erwartungsgemäß Nachahmer und Trittbrettfahrer auf den Plan rufen. Möglicherweise wird es jedoch neben der herkömmlichen, bestens eingeführten Variante als bemühter, unnützer Schnickschnack wahrgenommen. Scheinbar vernünftige Maßnahmen zur Senkung von Verkehrs- und Umweltbelastung wie Tempolimits, Bremsschwellen und sogar Entlastungsstraßen können zu mehr Abgasen, mehr Lärm und mehr Staus führen. Produziert ein System – sei es ein Biotop, eine technische Anlage oder ein Marktsegment – einen Effekt, der auf der Ebene der einzelnen Elemente nicht vorhersehbar oder intendiert war, sprechen die Fachleute von Emergenz.

Das dritte Kennzeichen komplexer Systeme ist ihre Dynamik. Während Sie sich Gedanken zur Verbesserung des Betriebsklimas machen, bewerben Ihre Kollegen sich woanders oder betreiben Familienplanung, die Zahlen bewegen sich nach oben oder unten, die ortsansässige Konkurrenz realisiert ein zeichensetzendes Programm zur Mitarbeiterbeteiligung, ein belgischer Konzern mit straffer Corporate Identity erwägt eine Übernahme Ihrer Firma und ein Software-Tüftler denkt sich gerade ein Programm aus, das ein Drittel der Arbeitsplätze wegrationalisieren wird. Im wahren Leben bleiben die Bauern, Damen und Läufer nicht auf E6, B3 und G8 stehen und warten brav den nächsten Spielzug ab.

Das vierte Kennzeichen komplexer Systeme – ihre Undurchschaubarkeit und Unübersichtlichkeit – ist nicht so sehr ein Merkmal dieser Systeme selbst, sondern spiegelt vor allem unsere mangelnde Fähigkeit wider, uns den gewünschten Überblick zu verschaffen. In wunderbarer evolutionärer Anpassung an unsere kognitive Begrenztheit navigieren wir weitgehend mühelos durch eine Welt der Benutzeroberflächen. Wir bedienen Smartphones, Computer, Fernseher und Bankautomaten – ohne den geringsten Schimmer, was da im Detail abläuft. Dumm wird's, wenn etwas einmal nicht funktioniert. Die Zeiten, in denen ein beherzter Mann einen Automotor reparieren konnte, sind wohl endgültig vorbei. Es sei denn, Sie besitzen eines dieser liebenswerten Kraftfahrzeuge aus dem vorigen Jahrhundert. Weitgehend im Dunkeln tappen wir, was die

Steuerung komplexer sozialer, psychischer und ökonomischer Zusammenhänge angeht. Wir scheinen immer nur Ausschnitte oder besonders krasse Effekte in den Blick zu bekommen. Und einen Höhepunkt erreicht die Intransparenz, wenn die unterschiedlichen Systeme zu interagieren beginnen, wenn beispielsweise Stimmungen und Gerüchte oder technische Eingabefehler massive Kursschwankungen hervorrufen. Das gibt dann den Stoff für düstere Science-Fiction-Filme.

Auch das fünfte und letzte Merkmal – die Zielvielfalt – ist ein Problem der benutzerseitigen Steuerung. Das gewinnmaximierende, ressourcenschonende, sozialverträgliche Unternehmen mit verschwindend geringem Risiko hat bislang noch keiner auf die Beine gestellt. Ein Nobelpreis wäre garantiert! Tatsächlich driften die Ziele hier, wie in vielen anderen Fällen, auseinander. Man ist gezwungen, zu gewichten, Kompromisse zu finden und diese Zugeständnisse und Prioritäten immer wieder neu anzupassen. Das hält einen im besten Fall auf Trab, allzu oft macht es kopflos. Und über die wirklich vertrackten Fälle haben die Dichter große Tragödien verfasst.

Kühlräume, Schafe und Hyänen

»Stellen Sie sich vor, Sie sind der Leiter eines Supermarktes.« Mit diesen Worten begann ein Versuch, den Ute Reichert und Dietrich Dörner 1988 durchführten. Die Situation: Die automatische Steuerung des Kühlraums ist defekt, die Temperatur steigt, die Ware droht zu verderben. Bis der Reparaturdienst eintrifft, muss die Kühlung manuell geregelt werden. Das Problem: Stellrad und Thermometer sind voneinander getrennt. Man kann also nicht eine Temperatur einstellen, sondern muss das Stellrad Richtung »kälter« oder »wärmer« bewegen. Dazu sind jeweils Schalterstellungen zwischen +100 und –100 möglich. Ziel ist eine konstante Kühlung von 4° C. Ob man auf dem richtigen Weg ist, lässt sich am Thermometer ablesen.

Es handelt sich bei diesem vergleichsweise einfachen Aufbau nicht um ein komplexes System, sondern um einen simplen Regelkreis, dessen Auswirkungen sich als Diagramm auf einem Monitor darstellen ließen. Was die 54 Studenten, die über 100 Zeittakte redlich versuchten, Butter, Milch und Joghurt zu retten, nicht wussten: Die Temperierung wirkte zeitverzögert, nämlich um drei Zeittakte. Dieses Phänomen ist zwar Nutzern von Fußbodenheizungen und Nachtspeicheröfen vertraut, stellt die menschliche Spezies aber offenbar vor gewaltige Schwierigkeiten. Nur zwei Probanden gelang es, nach einer effektiven Testphase den Raum konstant auf der gewünschten Temperatur zu halten. Andere brachten durch Hin- und Herdrehen des Stellrads das System »zum Schwingen«. Im Minutentakt wurden die Milchprodukte abwechselnd dem Gefrierschock und sommerlichen Auftauperioden ausgesetzt. Im Mittelfeld bewegten sich jene grüblerischen Filialleiter, die auf wilden Aktionismus melancholische Phasen der Untätigkeit folgen ließen. Kein guter Tag für den Supermarkt.

Ebenfalls weit entfernt von wirklicher Komplexität ist das direkte Wechselverhältnis zwischen Räuber und Beute, wie man es beispielsweise in Neufundland zwischen Luchsen und Karibus findet.

Geht es den Karibus gut, werden auch die Luchse satt und vermehren sich. Gibt es zu viele Luchse, werden die Karibus knapp und die Räuber verhungern. Es gibt also für beide Gruppen zeitlich versetzt zyklische Verläufe der Vermehrung und der Bedrohung des Bestands. In den meisten Biotopen sind die Räuber allerdings nicht auf eine einzige Beuteart angewiesen. Der klar erkennbare Zyklus stellt also einen Sonderfall dar.

Der Verlauf erschien den Bamberger Entscheidungsforschern aber aus drei Gründen lohnenswert für einen Versuch: Er ist gekennzeichnet durch einen sprunghaften Anstieg beziehungsweise Schwund einer der beiden Gruppen zu einem bestimmten Zeitpunkt. Es geht also um den klassischen kognitiven Schwachpunkt »exponentielles Wachstum«. Zweitens besteht zwischen den Gruppen eine klare Wechselwirkung. Wie würden die Probanden damit umgehen? Der interessanteste Punkt war der Richtungswechsel: Die überproportionale Vermehrung einer Gruppe mündete zwangsläufig in deren Niedergang. Solche Richtungsänderungen kennen wir aus dem »Umkippen« ökologischer Systeme, dem Versagen lebenswichtiger Funktionen nach jahrelangem körperlichem Raubbau oder dem »Platzen« von »Blasen« auf dem Aktien-, Kunst- oder Immobilienmarkt. Ganz offensichtlich sind die Betroffenen jedes Mal erneut vom geballten Ausmaß der Entwicklung überrascht.

Um diesem Phänomen auf den Grund zu gehen, dachte sich die Bamberger Forscherin Walburga Preußler ein exotisches Szenario aus: Der Stamm der Xereros verfügt über einen umfangreichen Schafbestand, der allein der Gewinnung von Wolle für ihr wichtigstes Handelsprodukt dient: selbst geknüpfte Teppiche. Gestört wird die Idylle durch vermehrt auftretende Hyänen. Die friedliebenden Kunstgewerbler schlachten weder ihre Schafe noch jagen sie die herumlungernden Raubtiere. Sie können der weiteren Entwicklung also nur tatenlos zusehen. Dem entsprechen zwei miteinander korrelierende Kurvenverläufe: Die Zahl der Räuber steigt über acht Zeittakte exponentiell an (von 450 auf 6000). Die Zahl der Schafe sinkt über sieben Zeittakte von 3000 auf 2000, dann geht die Kurve steil nach unten und bei Zeittakt neun ist der Bestand nahezu ausgelöscht. Kein Wunder, dass auch die Hyänenkurve bei Takt acht die Richtung wechselt und auf Sturzkurs geht.

Anders als in der Realität mischten sich in dem simulierten Szenario keine benachbarten Stämme, Hilfsorganisationen oder professionellen Jäger ein. Es standen nicht unterschiedliche Lösungsmöglichkeiten zur Auswahl wie etwa das Aufstellen von Wachen oder der Bau von Zäunen. Es gab nur die beiden Faktoren Beute und Räuber, die sich gegenseitig beeinflussten. Die Probanden waren nicht einmal aufgefordert, einzugreifen und Abhilfe zu schaffen. Sie sollten lediglich Zeittakt für Zeittakt vorhersagen, wie die Entwicklung weitergehen würde. Sobald sie eine Prognose abgegeben hatten, erhielten sie unmittelbar Rückmeldung über den tatsächlichen Wert. Optimale Bedingungen also!

Und was passierte? Die Versuchspersonen schlugen sich recht tapfer mit dem exponentiellen Wachstum der Raubtiere. Das unmittelbare Feedback half ihnen, ihre linearen Extrapolationen jeweils so weit nachzubessern, dass sie dem tatsächlichen Kurvenverlauf knapp folgen konnten. Aber: Niemand sah den Niedergang der Hyänen voraus, obwohl deren Nahrungsgrundlage zusehends schwand. Während der Bestand der Räuber durch Hunger bereits auf 5000 dezimiert war, sagten die Teilnehmer der Studie im Schnitt einen Anstieg auf 7000 voraus. Dann, nach einem Moment der Konfusion, folgten sie wieder brav dem steilen Verlauf der Kurve – diesmal nach unten. Das Fazit: Prognosen können dem realen Verlauf der Ereignisse recht zeitnah hinterherstolpern, wenn man sie ständig mit Fakten zur Überprüfung füttert. Das ist nicht unbedingt das, was man sich unter Vorhersage vorstellt. Doch es kommt noch bitterer: Richtungswechsel werden in der Regel nicht vorhergesehen.

Kontrollillusion und Verschwörungstheorien

Haben Sie schon einmal versucht, durch Konzentration das Ergebnis beim Würfeln zu beeinflussen? Falls nicht, gehören Sie einer Minderheit an. Menschen würfeln sanft, um niedrige Zahlen zu erzielen, und kräftig, wenn sie eine Fünf oder Sechs haben wollen. Lottospieler sind überzeugt, dass ihre Gewinnchance höher liegt, wenn sie den Schein selbst ausfüllen. Leute, die ein Los eigenhändig aus einer Box gekramt haben, wollen es nur äußerst ungern gegen ein anderes eintauschen. Sie scheinen zu glauben, dass ihre Hand das Glück magnetisch anzieht.

Dabei sind die meisten von uns vernünftige Leute. Uns ist klar, dass die Ergebnisse vom Zufall beziehungsweise durch feststehende Wahrscheinlichkeitsverteilungen bestimmt werden. Die wenigsten von uns werden allen Ernstes das Wirken telepathischer Kräfte behaupten. Was da so machtvoll zwischen unsere Wünsche und unsere vom Zufall abhängigen Handlungen tritt, hat die Psychologin Ellen Langer 1975 als Kontrollillusion identifiziert. Untersuchungen in den nachfolgenden Jahrzehnten haben gezeigt: Es handelt sich um ein recht dominantes Phänomen in Alltag, Wirtschaft und Politik.

Kommt uns der Durchblick abhanden, wo wir effektiv den Hebel ansetzen können, rutschen wir zivilisatorisch zwei Stufen rückwärts: Wir weichen auf Magie, Rituale und schräge Theorien aus. Wer schon einmal in einem Fahrstuhl festsaß, wird erlebt haben, wie seine Leidensgenossen durch Hüpfen, Klopfen an den Paneelen oder rhythmisches Knöpfedrücken versuchten, Abhilfe zu schaffen. Funktionsstörungen der Elektronik oder im oberhalb des Schachts gelegenen Maschinenraum wird man damit kaum beheben.

Jene Filialleiter in Reicherts und Dörners Kühlhausexperiment, denen es nicht gelang, die Temperierung durch maßvolles Betätigen des Stellrades mit 200 Maßeinheiten in den Griff zu bekommen, entwickelten reihenweise absurde Handlungsmaximen: »23 ist eine gute Zahl!«, »100 ist eine gute Einstellung, 95 ist eine schlechte Einstellung!«, »Abwechselnd 0, 1, 2, 3 eingeben ist günstig!« oder auch »Fünfer- und Zehnerschritte beeinflussen unterschiedlich!«. Das tatsächliche Zusammenspiel zwischen Reglereinstellungen und der verzögerten Reaktion des Kühlsystems geriet aus dem Blick. Wie bei »todsicheren« Gewinnstrategien am Roulettetisch traten geheimnisvolle Zahlenfolgen und Handlungsanweisungen auf den Plan. Das Resultat: Bleibt der erhoffte Erfolg aus, wird nicht die absurde Theorie infrage gestellt. Denn wahrscheinlich hat man die komplizierten Rituale nicht genau genug durchgeführt. Willkommen im Paralleluniversum!

Dieses Verhalten teilen wir mit unseren tierischen Artgenossen. Der amerikanische Verhaltenspsychologe B.F. Skinner erforschte ab Ende der 1920er-Jahre das Lernverhalten von Tieren mithilfe der nach ihm benannten Skinner-Box. Abgeschnitten von anderen Reizen, lernten Tauben und Ratten recht schnell, nach dem Aufleuchten einer Lampe oder dem Ertönen eines akustischen Signals einen kleinen Hebel zu drücken. Zur Belohnung kam Futter aus einer Klappe.

Skinner, der mit seinen Experimenten und Schriften nicht gerade die Herzen der Massen gewann, fragte sich, was passierte, wenn man den Hebel wegließ, wenn also zwischen den Aktionen des Versuchstieres und der Belohnung kein kausaler Zusammenhang mehr bestand. Die Tauben in den Skinner-Boxen verhielten sich nicht anders als wir in festsitzenden Aufzügen oder im Kampf mit unübersichtlichen Systemen. Die völlig zufällig erfolgende Futtergabe brachten sie mit irgendeiner gerade vollzogenen Aktion in Verbindung und entwickelten daraus sonderbare Rituale. Als Skinner in seine Boxen schaute, ergab sich folgende Szenerie: Eine Taube pickt beharrlich in der hinteren linken Ecke, eine andere schaukelte erwartungsvoll hin und her, eine dritte drehte sich immerzu um sich selbst. Zweifellos waren sie »überzeugt« davon, auf diese Weise für Futter zu sorgen.

Ulrich und Johannes Frey fassen zusammen: »Es ist für uns Menschen offenbar extrem leicht, kausale Erklärungen zu produzieren. Wir sind ausgesprochen gut darin, Zusammenhänge herzustellen. Wir sind sogar so gut darin, dass wir kausale Verknüpfungen übertrieben oft knüpfen. Das zeigt sich vor allem dann, wenn sich Korrelationen als illusionär entpuppen, wir aber trotzdem an teilweise sehr dürftigen kausalen Erklärungen verblüffend lange festhalten.«

In die gleiche Kerbe schlagen Verschwörungstheorien, wie Dietrich Dörner in einem Kapitel mit der provokanten Überschrift »Juden, Jesuiten und Freimaurer« zeigt. Fehlt Menschen der Durchblick für Wirkungszusammenhänge, sind sie geneigt, »dunkle Mächte« am Werk zu sehen. Offenbar ist es einfacher, sich raff- oder machtgierige Akteure vorzustellen als untereinander vernetzte Einzelsysteme in Wechselwirkung. Die Maxime: Bloß nicht an der eigenen Kompetenz zweifeln! In vielen Simulationen der Bamberger Entscheidungsforscher unterstellten gerade die, die mit der Situation komplett überfordert waren, den Wissenschaftlern, das System böswillig auf zwangsläufiges Scheitern programmiert zu haben: »Ihr wollt ja nur untersuchen, wie lange ich mich hier von euch frustrieren lasse!«

Ballistisches Verhalten und Flucht

Einer der Versuchsbürgermeister von Lohhausen investierte viel Zeit und Energie, um die durchschnittliche Reichweite eines durchschnittlichen Rentners zu berechnen, weil er auf dieser Basis die Kleinstadt mit einem flächendeckenden seniorengerechten Netz von Telefonzellen ausstatten wollte (Anfang der 1980er-Jahre gab es noch keine Handys). Die zentralen administrativen Belange ignorierte er hingegen. Auch Ihnen sind sicher in Unternehmen schon Chefs dieser Art begegnet: Sie haben einen Teilbereich des Betriebs zu ihrem persönlichen Steckenpferd erklärt und verschanzen sich erfolgreich hinter der dort anfallenden Arbeit. Das Unternehmen als Ganzes geht seinen eigenen Gang, weitgehend unbehelligt von Führung.

Scheut man die Konfrontation mit der eigenen Unzulänglichkeit, bietet auch das Delegieren einen willkommenen Ausweg. Gemeint ist hier nicht die Aufgabenverteilung im Rahmen einer sinnvollen Strategie, sondern das Abgeben eines Problems an jemand anderen, um es aus dem eigenen Blickfeld zu verbannen. Stimmt dann – wie zu erwarten – am Ende das Gesamtergebnis nicht, hat man auch gleich den passenden Sündenbock.

In allen Simulationsversuchen des Teams um Dörner waren vor allem jene Teilnehmer ausgesprochen kreativ, die mit dem jeweiligen System partout nicht klarkamen: Sie ließen sich alle möglichen Winkelzüge einfallen, um ebendiese Inkompetenz nicht wahrnehmen zu müssen. Sie konzentrierten sich auf absurde Einzelheiten, wechselten ständig das Aktionsfeld, ruderten vor und zurück. Sie dachten sich schräge Theorien aus. So glaubten einige Versuchsbürgermeister, dass ein einziger Faktor der geheime Dreh- und Angelpunkt sein müsse (der Fremdenverkehr, die Bürgerzufriedenheit, die Arbeitersolidarität) oder dass ihre segensreichen Pläne böswillig torpediert würden (durch ihre Mitstreiter, die Forscher, die störrischen Arbeiter). Die erfolglosen Teilnehmer gaben Aufgabenbereiche ab und strichen sie schlicht und einfach aus ihrem Gedächtnis. Zwei Dinge taten sie indes nicht: Sie versuchten nicht, einen Gesamtüberblick über die komplexen Zusammenhänge zu gewinnen. Und sie schauten sich nicht wirklich an, wie erfolgreich ihre Hypothesen und Maßnahmen in der Praxis waren. Ihre Ausweichmanöver haben wesentlich dazu beigetragen, dass sie insgesamt gescheitert sind.

Dietrich Dörner hat für diesen blinden Aktionismus, der weitgehend ohne Feedback auskommt und primär der Erhaltung der »Kompetenzillusion« dient, einen treffenden Begriff gefunden: ballistisches Verhalten. Eine Kanonenkugel folgt auf ihrer Bahn allein den Gesetzen der Physik, wenn man sie einmal abgeschossen hat. Wo sie genau landet, lässt sich nur ungefähr voraussagen. Vermutlich ist es ein tolles Gefühl, so unbeirrbar und richtig in Fahrt zu sein. Aber Dörner meint trocken: »Allgemein lässt sich wohl die Maxime aufstellen, dass Verhalten nicht ballistisch sein sollte. In einer nur teilweise bekannten Realität sollte man nachsteuern können.«

Eine vergleichbare Eigendynamik, die angemessene Reaktionen auf die Anforderungen von außen verhindert, können auch Gruppen entwickeln. Weder ein allzu mildes Kompromissklima mit wärmendem Wir-Gefühl noch ein harscher Kasernenhofton mit straffer Hierarchie und »Ausschaltung« abweichender Meinungen sind langfristig geeignet, effektive Strategien für eine komplexe und dynamische Realität zu entwickeln. Alternative Standpunkte, echte Diskussionen und kreative Querdenker sind notwendig, um immer wieder neu die besten Antworten auf die anstehenden Probleme zu finden. Wenn die Gruppennormen und Rollenverteilungen starr werden, wenn zu viel Energie in das Erzeugen von Solidarität, Loyalität, Autorität oder auch Streit fließt, wird auch hier das Verhalten ballistisch.

Kluges Problemlösen

Sie sind in der Minderzahl, aber es gibt sie: Versuchsteilnehmer, die mit komplexen Systemen gut klarkommen. Mit kühlem Kopf und effektiven Eingriffen bringen sie Beute-Räuber-Populationen ins Gleichgewicht und verrückt spielende Klimaanlagen wieder auf konstante Werte. Sie stellen in simulierten Entwicklungshilfe-Projekten die Welt nicht auf den Kopf und starten im beschaulichen Lohhausen keine Revolution. Doch es gelingt ihnen, die komplexen Zusammenhänge erfolgreich zu steuern, ein paar vernünftige Ideen umzusetzen und das »Wohlergehen der Bewohner« zu mehren. Andere erzeugen erst einmal ein gehöriges Chaos, bis sie den Dreh raushaben. Dann wählen auch sie die richtigen Maßnahmen und dosieren sie angemessen. Wie wird man effizient und erfolgreich im Umgang mit Komplexität?

Der Psychologieprofessor Joachim Funke skizziert in seinem Standardwerk über problemlösendes Denken die grundlegenden Anforderungen: *Komplexität* verlangt Vereinfachung durch Reduktion auf das Wesentliche. Entscheidend ist die Wahl eines angemessenen Auflösungs- beziehungsweise Abstraktionsniveaus. Bei Ihrem eigenen Umzug mag es sinnvoll sein, über die Nummerierung und Platzierung der einzelnen Umzugskartons nachzudenken. Bei der Evakuierung einer Großstadt wird man eher in groben Zügen und Schritten planen. Beim Zusammenbau einer Uhr hingegen kommt es auf höchste Genauigkeit an.

Vernetztheit verlangt Modellbildung, um die Zahl der wesentlichen Faktoren, den Grad und Charakter ihrer wechselseitigen Abhängigkeiten zu verstehen. Das Verhalten von elf Lesern in einer Bibliothek ist leichter vorherzusehen als die Aktionen von elf Fußballspielern in der zweiten Halbzeit. Ein Puzzle mit 2000 Teilen können Sie durch bloßes Versuchen zusammenfügen; für ein technisches Gerät mit weit weniger Einzelteilen brauchen Sie eine zuverlässige Zeichnung.

Dynamik verlangt den Einbezug des Faktors Zeit. Sind Verläufe exponentiell? Führt die Zunahme des einen Elementes zur Abnahme des anderen? Sind Richtungswechsel und Rückschläge zu erwarten? Für das Erkennen von Formationen im zeitlichen Ablauf sind genaue Beobachtung, Aufzeichnung und anschauliche Darstellung notwendig, denn auf diesem Gebiet lässt uns die Intuition in der Regel ebenso im Stich wie bei der Vernetztheit.

Zielvielfalt verlangt das Gewichten und Ausbalancieren von divergenten Zielen. Den Weg zu pragmatischen Kompromissen öffnet die Einsicht, dass eine optimale Lösung für alle Kriterien nicht möglich ist, wenn unterschiedliche, eventuell einander ausschließende Ziele im System konkurrieren. Ein wesentlicher Schritt besteht meist darin, zunächst Ziele zu klären und zu konkretisieren, zum Beispiel abstrakte Maximen in konkrete Handlungsanforderungen zu übersetzen.

Intransparenz verlangt Informationsbeschaffung. Ein System wie ein defektes Kühlhaus erscheint dem Laien zunächst als Blackbox. Er muss sich durch Versuch und Irrtum mühsam an ein Verständnis der Zusammenhänge herantasten. Mit anderen Systemen kommen wir auf der Ebene von Bedienungsoberflächen gut klar. Bei Funktionsstörungen oder ungewohnten Prozeduren mag es aber notwendig sein, Wissen über »Tiefenstrukturen« zu erwerben. Klassisch ist der Fall, dass uns bei insgesamt guter Informationslage bestimmte Details oder Segmente fehlen. Vielleicht brauchen wir auch Daten über die Vorgeschichte, um Vermutungen über die weitere Entwicklung anzustellen. Wir müssen also Lücken füllen. Aktive und unablässige Informationsbeschaffung – vor allem auch über die tatsächlichen Wirkungen unserer Maßnahmen – sind hier das A und O.

Eine konkrete erfolgreiche Versuchsperson aus einem seiner Versuche beschreibt Dörner so: Sie »handelt sehr ruhig, wartet lange ab und beobachtet. Ihre Aktionen zeichnen sich durch eine relativ geringe Dosierung aus. Offensichtlich sind aber die Dosierungen angemessen. Die Versuchsperson bemüht sich von Anfang an um ein Verständnis der Abläufe. Sie bleibt in ihren Hypothesen ›datenorientiert‹ und generalisiert nur wenig, sie notiert die Werte, die sie jeweils erfährt, und versucht auf diese Weise, die Informationen über die Zeitabläufe in ›Rauminformationen‹ (Diagramme) umzusetzen.« Glückwunsch! Ein Paradebeispiel für Funkes Definition: »Problemlösendes Denken erfolgt, um Lücken in einem Handlungsplan zu füllen, der nicht routinemäßig eingesetzt werden kann. Dazu wird eine gedankliche Repräsentation erstellt, die den Weg vom Ausgangs- zum Zielzustand überbrückt.«

Im Vorteil – gegenüber Studienanfängern – sind dabei nachgewiesenermaßen berufserfahrene Experten, wie Funke zusammenfasst: Sie zeichnen sich durch Orientierung an Tiefenmerkmalen anstatt an Oberflächenmustern aus, durch ein größeres episodisches Gedächtnis für Probleme und Lösungen, durch die effizientere Codierung von Informationen sowie eine erhöhte Gedächtnisaktivierung aufgrund semantischer Beziehungen. Manches davon hat mit Fachwissen zu tun, manches aber auch schlicht mit Lebenserfahrung, zum Beispiel die Vertrautheit mit ähnlichen Aufgaben und vor allem die enorm wichtige Fähigkeit zur Selbstreflexion: Wo sind meine Grenzen? Was mache ich gerade? Wie effektiv sind meine Eingriffe?

Untersuchungen aus dem Umfeld von Dörner haben ergeben, dass die erfolgreichen Teilnehmer der Simulationsstudien ihre Maßnahmen komplexer formulieren. Sie unterscheiden beispielsweise zwischen zentralen und flankierenden Interventionen. Sie sind außerdem genauer und praxisnäher in diesen Formulierungen. Verblüffender als diese Verhaltensmerkmale ist ein anderer Befund: Die erfahreneren und erfolgreicheren Probanden reden mit sich selbst, während sie versuchen, das System in den Griff zu bekommen! Das mag zwar zunächst kurios klingen, zeigt aber, dass sie eine reflektierende Begleitung ihres Handelns und eine Art simulierter Diskussion erzeugen. Und das macht ihr Handeln offenbar signifikant klüger. Dörner konstatiert: »Die Betrachtung des eigenen Denkens also, ohne jede Anleitung, kann zu einer bedeutenden Verbesserung des eigenen Denkens führen.«

Was diese Problemlöser jenseits des Mittelmaßes mitbringen, bezeichnet Dörner als operative Intelligenz (siehe Checkliste im Anhang). Wir haben keine Patentrezepte zur Hand, mit denen sich alle möglichen Problemkonstellationen über einen Kamm scheren lassen. Dafür sind die jeweiligen komplexen Situationen zu unterschiedlich: »Es gibt nicht die eine, allgemeine, immer anwendbare Regel, den Zauberstab, um mit allen Situationen und all den verschiedenartigen Realitätsstrukturen fertigzuwerden«, fasst der Problemlösungsforscher zusammen. »Es geht darum, die richtigen Dinge im richtigen Moment und in der richtigen Weise zu tun und zu bedenken. Dafür mag es auch Regeln geben. Diese Regeln sind aber lokaler Art, also in hohem Maße an die jeweiligen Bedingungen gebunden.« Gefragt ist der intelligente, selbstreflexive und maßvolle Einsatz aller Fähigkeiten und Fertigkeiten, die man mitbringt, zudem Entschlusskraft und der Mut, Entscheidungen zu revidieren.

Sich ein Bild machen – immer wieder neu

Wie kommen wir eigentlich im Alltag zurecht? Unsere Wahrnehmung zeitlicher Abläufe ist unterentwickelt. Zusammenhänge, die einen – recht niedrigen – Komplexitätsgrad überschreiten, verstehen wir nicht. Wechsel- und Nebenwirkungen können wir praktisch nicht vorhersehen. Exponentielle Verläufe kriegen wir einfach nicht in den Kopf! Und unser Gedächtnis ist ein Sieb. Ständig verblasst das gerade Erlebte. Versuchen wir, uns mit Hilfsmitteln wie Statistiken und Wahrscheinlichkeitswerten zu behelfen, hauen wir oft hoffnungslos daneben. Stattdessen konzentrieren wir uns auf einzelne Ursachen, blenden aus, was wir ohnehin nicht begreifen, und biegen den Rest auf einfache lineare Verläufe hin. Eine Katastrophe! Oder vielleicht doch nicht?

Erinnern wir uns an den Spieler, der losrennt, um den Baseball zu fangen. Er braucht keinen analytischen Durchblick und keine Berechnung von Flugkurven. Er muss nur klug handeln. Er muss loslaufen und den Ball im Auge behalten. Entscheidend ist, dass er seine eigene Bewegung mit der des Balls koordiniert, also immer wieder nachlenkt. Unsere diversen kognitiven Zaubertricks reduzieren die uns umgebende Komplexität so weit, dass wir handlungsfähig werden. Um in Aktion zu treten, können holzschnitthafte Vorstellungen und übermäßig vereinfachende Annahmen durchaus hilfreich sein. Entscheidend ist, dass wir unser Handeln permanent nachbessern.

Unser gesamtes Denken funktioniert so. Unsere optische Wahrnehmung arbeitet Kanten und Grenzlinien heraus, ergänzt vermeintliche Lücken, begradigt Schiefes, drängt nicht Passendes in den Hintergrund, holt Wichtiges in den Vordergrund – und zwar ohne unser bewusstes Zutun. Deshalb stand ja am Anfang dieses Buches die Reflexion über optische Täuschungen. Wir bekommen niemals die Welt »an sich« zu fassen, sondern immer nur eine innere Repräsentation, die unser Gehirn erzeugt. Und wozu das Ganze – zumal es ja offensichtlich teilweise skurrile Nebeneffekte erzeugt? Weil diese künstliche Aufbereitung und, wenn man so will, Verfälschung der Realität es uns erlaubt, stabile Gestalten und Muster zu erkennen, während wir uns bewegen. Wir sehen ein Tier hinter einem Busch, wir antizipieren die Kurve der Landstraße auch bei Nacht, wir wissen, ob ein Gegenstand oder eine Person groß oder klein ist, sich entfernt oder nähert.

Eine solche Vorstrukturierung gemäß unseren Bedürfnissen ist nicht nur typisch für die optische Wahrnehmung. Wir erleben die gesamte Welt als zusammengesetzt aus Akteuren, Objekten, Zielen und Kausalitäten. Und warum? Weil es uns diese Art der Wahrnehmung ermöglicht, klug zu handeln. Statt in der Unübersichtlichkeit und im Übermaß an Informationen unterzugehen, erlauben die kognitiven Vereinfachungen es uns, uns ein Bild von der jeweiligen Situation zu machen. Und von da aus können wir unsere Handlungen starten.

In Dörners Worten: »Dieses Bild wird mit den Informationen des Gedächtnisses angereichert und extrapoliert. Auf diese Weise entsteht der Erwartungshorizont der Antizipation der näheren und ferneren Zukunft. Dieser Mechanismus ist sehr urtümlich und sicher bei vielen Tieren ähnlich vorhanden wie bei uns. Diese automatische Strukturextrapolation ist eine alte, ökonomische und tief eingefahrene Methode. Sie funktioniert schnell und ganzheitlich.« Mit dem Verzicht auf kognitive Vollständigkeit, mit der Einbuße an Genauigkeit und der Inkaufnahme einer gewissen Wahrscheinlichkeit von »Betriebsunfällen« erwerben wir also zugleich die einzigartige Möglichkeit, handelnd in die Welt einzugreifen, Strategien zu entwickeln und Ideen zu verwirklichen.

Wie gut das im gewöhnlichen Alltag funktioniert, macht Dörner am Beispiel eines Autofahrers im Innenstadtverkehr klar: »Ein geübter Autofahrer hat kompliziertere Verkehrssituationen in einer Großstadt fast ›traumhaft‹ im Griff. Er fährt an, bremst, lenkt aufgrund der Wahrnehmung und richtigen Klassifizierung von Verkehrsschildern, Ampeln, plötzlich zwischen parkenden Autos hervorkommenden Fußgängern, dem Verhalten anderer Fahrzeuge usw. Die erstaunliche Koordination verschiedener Wahrnehmungen und Bewegungen kann man wohl nur dadurch erklären, dass der Autofahrer ein ›Bild‹ der gesamten Situation im Kopf hat, welches ständig durch neue Eindrücke modifiziert und ergänzt wird. Aufgrund dieses Bildes weiß der Autofahrer, wann er wo auf was achten muss, wo er hinsehen muss, was er nicht zu beachten braucht. Für den Autofahrer besteht das Bild der jeweiligen Umgebung und der daraus extrapolierte ›Erwartungshorizont‹ nicht aus Einzelteilen, die isoliert behandelt werden. Er hat die Dinge ›im Gefühl‹. Er handelt ›intuitiv‹.«

Aus Fehlern lernen

Das Fazit: Es gibt eine stattliche Anzahl von kognitiven Verzerrungen und Illusionseffekten, in die wir praktisch automatisch rutschen. Und wie bei den optischen Täuschungen ändern auch hier Aufklärung und Einsicht nichts daran, dass der betreffende Effekt weiterhin wirksam bleibt. Falsche Wahrnehmungen und Fehlentscheidungen sind also vorprogrammiert. Aber halten wir fest: Es gibt einen eigenen Wissenschaftszweig, der sich diesem Phänomen widmet. Die Auswirkungen solcher Täuschungen auf unser Denken und Handeln sind gut erforscht, und es handelt sich um eine überschaubare Anzahl von Effekten. Die Entscheidungsexperten von Daniel Kahneman und Amos Tversky bis Dan Ariely sind keine Fatalisten und Zyniker, sie haben eine gute Botschaft: Unsere Irrationalität ist berechenbar. Der Verzerrungsfaktor lässt sich vorhersagen.

Die Denkfallenexperten Ulrich und Johannes Frey erinnern daran, dass wir nicht allein aufgrund unserer – täuschungsanfälligen – Wahrnehmung handeln, sondern auch aufgrund unseres Wissens. So wie wir unserem begrenzten Sehvermögen mit Mikroskopen, Fernrohren und bildgebenden Verfahren auf die Sprünge helfen, sind die Erkenntnisse der Kognitionspsychologen geeignet, unser Entscheidungsverhalten auf eine höhere Stufe zu heben. Die Hilfsmittel aus Technik und Wissenschaft ändern nichts an unseren natürlichen Begrenzungen, ihr Einsatz birgt auch die eine oder andere neue Fehlerquelle – wir erzielen mit ihnen aber deutlich bessere Ergebnisse.

Es gilt nun, die Erkenntnisse der Kognitionsforscher in die realen Entscheidungsprozesse zu übertragen. Und hier eröffnet sich ein breites Spektrum. Die grundlegende Daumenregel: Je weitreichender die Konsequenzen eines Fehlers sind, desto mehr Sicherungsstufen müssen eingebaut werden. Im Flugverkehr oder bei der Interpretation von Röntgenbildern zur Tumorerkennung setzt man deshalb immer zwei Experten an eine Aufgabe – und senkt die Fehlerquote dadurch drastisch. Deshalb gilt bei weichenstellenden Entscheidungen: Nehmen Sie Ihr »Bauchgefühl« ernst, aber bleiben Sie dabei nicht stehen. Investieren Sie Zeit und Scharfsinn in die Informationsbeschaffung, auch und gerade was Gegenargumente und Risiken betrifft. Holen Sie sich jemanden mit einer anderen Sichtweise ins Boot. Wenn der Plan dann immer noch sinnvoll wirkt, gehen Sie beherzt ans Werk.

Unsere Intuitionen funktionieren – trotz ein paar unerwünschter Nebeneffekte – in einer Vielzahl von Situationen hervorragend. In den meisten Routinehandlungen navigieren sie uns zuverlässig und außerordentlich ökonomisch durch eine unübersichtliche Umwelt. Die Forschungen der Kognitionspsychologen haben außerdem gezeigt, dass entsprechend aufbereitete »Wissenshäppchen« unsere Intuitionen merklich verbessern können. Grandios: Eine gezielte Dosis an Einsicht macht unser »blindes« Handeln zielgenauer! Hier stehen Wissenschaftler, Vermittler und Trainer allerdings noch am Anfang. Die Anregungen von Bildungsforschern wie Gerd Gigerenzer geben den Weg vor.

Bei der alltäglichen Entscheidungsfindung geht es vor allem darum, neben den Möglichkeiten auch die Grenzen und Fallstricke unseres Denkens und Wahrnehmens im Blick zu behalten. Die Strategieberater Edward Russo und Paul Schoemaker haben das »Metawissen« genannt. Wir müssen unsere Fähigkeit schulen, zu erkennen, wo unser intuitives Handeln an seine Grenzen stößt, wo wir vom Autopiloten auf den Reflexionsmodus umschalten und eventuell externe Hilfsquellen anzapfen sollten.

»Fehler sind wichtig. Irrtümer sind ein notwendiges Durchgangsstadium zur Erkenntnis«, meint Problemlösungsexperte Dietrich Dörner. Man könnte noch hinzufügen: Sie sind letztlich nicht zu vermeiden und man kann sie häufig korrigieren. Der einzige Fehler, den man partout nicht begehen darf: sich einzuigeln und abzukapseln in der eigenen Kompetenzillusion, die eigene Sichtweise mit

Hypothesen und Theorien zu zementieren und Gegenargumente und »unpassende« Fakten auszublenden.

All die Einschränkungen und Umdeutungen, die wir in Entscheidungsprozesse hineintragen – von kognitiven Verzerrungen bis hin zum Schutz der eigenen Handlungsfähigkeit –, wirken sich nicht zwangsläufig fatal aus, solange wir eine Grundhaltung des Beobachtens, Prüfens, Nachjustierens und Korrigierens wachhalten. Dazu gehört ein flexibler und kreativer Umgang mit Herangehensweisen und Eingriffen, der aus einem reichen Arsenal schöpft. Art und Dosierung ergeben sich aus der Situation. Dörner nennt das operative Intelligenz. Unter solchen Rahmenbedingungen führen Fehler nicht zu Scheitern und Absturz, sondern werden Teil eines permanenten Lernprozesses, der Ihre Entscheidungskompetenz steigert und Ihr Handeln klüger macht.

Anhang

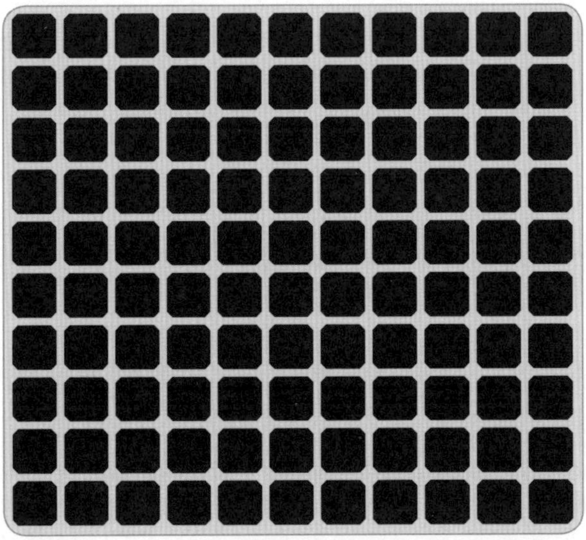

Hermann-Gitter: dunkle Kreise an den Kreuzungen?

Hermann-Gitter

Auf den Kreuzungspunkten dieses Rasters erscheinen und verschwinden dunkle Kreise, während man es betrachtet. Im Jahr 1870 hat der deutsche Psychologe Ludimar Hermann diesen Effekt entdeckt.

Entscheidungsfehler: eine Checkliste nach Max Bazerman

- Wir überschätzen die Häufigkeit der am meisten hervorstechenden oder publizierten Ereignisse.
- Wir lassen uns in Problemlösungsprozessen zu stark von der Reihenfolge beeindrucken, in der wir Informationen erhalten.
- Wir fokussieren uns auf die unmittelbaren, jedoch kaum auf die mittelbaren Konsequenzen unserer Entscheidungen.
- Wir haben Schwierigkeiten damit, Probleme zu konzeptionalisieren, wenn diese unser Wissen oder unsere Erfahrung übersteigen.
- Wir entdecken gerne das, was wir zu entdecken erwarten, wenn wir nach Informationen suchen.
- Wir wenden Kriterien unterschiedlich an, wenn wir Informationen auswerten.
- Wir schaffen es nicht, unsere Meinung zu ändern, wenn wir sie erst einmal geformt haben. Dies gilt auch dann, wenn wir neue Informationen erhalten, die einen Meinungswechsel nahelegen.
- Wir überschätzen Aussagen, die auf einer kleinen Datenbasis beruhen.
- Wir entwickeln Vorhersagen und Erwartungen nach Maßgabe eines Ankers, dessen Gültigkeit wir nicht hinterfragen.

- Wir bewerten das Risiko eines möglichen Verlusts anders als die Möglichkeit eines eventuellen Gewinns.
- Wir überschätzen die geringe Chance, dass alles gut gehen wird, und unterschätzen die Wahrscheinlichkeit, dass die Dinge schieflaufen.
- Wir vergessen häufig: Die Eintrittswahrscheinlichkeit zu erwartender Kosten ist ungleich höher als die Eintrittswahrscheinlichkeit zu erwartender Umsätze.
- Wir unterliegen der Illusion von Kontrolle.
- Wir treffen Entscheidungen auf der Basis von unartikulierten, nicht erfahrungsgestützten und nicht verifizierten Annahmen.
- Wir entwickeln eine gewisse Blindheit gegenüber den eigenen Annahmen.
- Die meisten von uns haben eher ein geringes Gespür für Logik, Mathematik, Statistik und Wahrscheinlichkeitsrechnung.
- Wir tendieren dazu, Täuschungen zu erliegen.
- Wir haben eine geringe Aufmerksamkeit für die eigenen mentalen Prozesse.
- Wir neigen dazu, zu sehr auf unser Wissen und unsere Fähigkeit, Begründungen zu finden, zu vertrauen.
- Unsere Wahrnehmung ist selektiv und geformt durch Konditionierung (diese entsteht durch vergangene Erlebnisse und Erfahrungen), geprägt durch Glauben und Wunschdenken.
- Unsere Auffassungsgabe ist begrenzt, unsere visuelle Auffassung gering. Auch unser Gedächtnis ist selektiv

und versucht, zu sinnvollen Ergebnissen zu kommen. Unsere Gedächtnisleistung ist betroffen von Zeitabfolgen, zum Beispiel davon, wie neu die Erfahrungen sind, die wir gemacht haben.

- Wir erinnern uns an das, woran wir uns gerne erinnern wollen, und wir haben die »Fähigkeit« des strategischen Vergessens.

- Wir neigen dazu, etwas, dem wir zustimmen, als objektiv gegeben zu betrachten. Der Rest wird von uns schnell als wenig objektiv, falsch oder nichtig eingeordnet.

- Wir unterliegen dem *Escalating Commitment*. Haben wir eine Fehlentscheidung getroffen, machen wir trotzdem weiter, weil wir der Entscheidung oder uns selbst treu bleiben wollen.

- Wir haben nur ein begrenztes Bild von Referenzmodellen und Bezugsmodellen, auf die wir unsere Entscheidungen tatsächlich stützen können.

- Wir denken, dass wir bessere Entscheidungen treffen, als es der Fall ist.

- Wir unterwerfen Informationen einem sehr starken Filterprozess, und zwar nach dem Motto: *no bad news*.

- Wir ziehen gern wissenschaftliche Begründungen oder Methoden heran, wenn diese passen und unsere Entscheidung bestätigen.

- Wir treffen Fehlschlüsse.

Operative Intelligenz: eine Checkliste nach Dietrich Dörner

- Die eigenen Ziele klären – aber auch den Mut haben, einfach loszulegen.

- Kompromisse zwischen Zielen bilden! Nicht alle Ziele sind gleichzeitig zu verwirklichen, manche widersprechen einander.

- Schwerpunkte finden – und bereit sein, Schwerpunkte zu ändern.

- Ein Modell der Situation bilden, um Neben- und Fernwirkungen von Maßnahmen vorherzusehen.

- Bei der Modellbildung den Abstraktionsgrad anpassen, Allgemeinplätze, Fixierung auf Detailaspekte und Reduktion auf vermeintlich zentrale Einzelfaktoren meiden.

- Den angemessenen Auflösungsgrad bei der Informationsbeschaffung finden, weder zu fein noch zu grob.

- Informationen und Hypothesen mit praktischen Anforderungen verknüpfen, unnützes und nicht angewandtes Wissen ist eher hinderlich.

- Eigenes Handeln reflektieren: Aktionismus, Methodenverliebtheit, Verantwortungsflucht, Ritualbildung und ballistisches Verhalten vermeiden – aber Mut zum Probehandeln, Abwarten und Loslegen bewahren!

- Zeitabläufe und Zeitgestalten erkennen, durch Skizzen veranschaulichen, mit verzögerten Reaktionen rechnen.

- Folgen des eigenen Tuns aufmerksam und kritisch beobachten, Fehler analysieren und aus ihnen lernen.

- Mit Nebenwirkungen rechnen. In komplexen Systemen ist es nicht möglich, nur eine Sache zu machen, man bewirkt immer mehreres zugleich.

- Gegebenenfalls zwischen bildhaftem und analytischem Zugang, zwischen Vorwärts- und Rückwärtsplanen und anderen alternativen Herangehensweisen hin und her wechseln.

Lösung des Zebrarätsels

Die Eigenschaften sind wie folgt verteilt:

Haus	1	2	3	4	5
Farbe	Gelb	Blau	Rot	Weiß	Grün
Nationalität	Norweger	Ukrainer	Engländer	Spanier	Japaner
Getränk	*Wasser*	Tee	Milch	Orangensaft	Kaffee
Zigaretten	Kools	Chesterfield	Altem Gold	Lucky Strike	Parliament
Haustier	Fuchs	Pferd	Schnecken	Hund	*Zebra*

Die Formulierung des Rätsels lässt noch weitere Lösungen zu. Unter anderem ist »Niemand hat ein Zebra« eine gültige Antwort, da nicht vorausgesetzt wurde, dass das verbleibende Haustier ein Zebra sein muss.

Lösung Äquatorring

Die Lösung leitet sich aus der Umfangsberechnung des Kreises ab:

$U = r \times 2 \times Pi$

Nimmt man einen Meter hinzu, bedeutet das also:

$U + 1m = (r + rx) \times 2 \times Pi$

Aufgelöst folgt:

$U + 1m = r \times 2 \times Pi + rx \times 2 \times Pi$

Daraus folgt: $rx = \frac{1\,m}{2 \times Pi}$

Daraus folgt: $rx = \frac{1}{6{,}28}$ m, also ungefähr 16 cm

Dank

Christian Weller hat dieses Buchprojekt von Anfang an tatkräftig unterstützt – konzeptionell, stilistisch und durch begleitende Recherchen. Seine Fähigkeit, in ersten Entwürfen realisierbare Buchideen zu erkennen und zu ihrer Umsetzung beizusteuern, hat mich überzeugt.

Danken möchte ich aber auch meinen Zuhörern, mit denen zusammen ich in den letzten Jahren auf einigen Hundert Veranstaltungen die verschiedensten Denkfallen ausprobieren konnte. Aufgenommen in das vorliegende Buch wurden nur jene Experimente, Wetten und Denksportaufgaben, die diesen Test erfolgreich bestanden haben.

Literaturhinweise

Dan Ariely: Denken hilft zwar, nützt aber nichts. Warum wir immer wieder unvernünftige Entscheidungen treffen, München 2010

Max H. Bazerman und Don A. Moore: Judgment in Managerial Decision Making, Hoboken (NJ) 2009

Hanno Beck: Die Logik des Irrtums. Wie uns das Gehirn täglich ein Schnippchen schlägt, Frankfurt am Main 2008

Andreas Diekmann: Spieltheorie. Einführung, Beispiele, Experimente, Reinbek bei Hamburg 2010

Dietrich Dörner: Die Logik des Misslingens. Strategisches Denken in komplexen Situationen, Reinbek bei Hamburg 2003

Ulrich und Johannes Frey: Fallstricke. Die häufigsten Denkfehler in Alltag und Wissenschaft, München 2009

Joachim Funke: Problemlösendes Denken, Stuttgart 2003

Gerd Gigerenzer: Das Einmaleins der Skepsis. Über den richtigen Umgang mit Zahlen und Risiken, Berlin 2002

Gerd Gigerenzer: Bauchentscheidungen. Die Intelligenz des Unbewussten und die Macht der Intuition, München 2008

Daniel Kahneman, Paul Slovic und Amos Tversky: Judgment under uncertainty: Heuristics and biases, Cambridge 1982

Gero von Randow: Das Ziegenproblem. Denken in Wahrscheinlichkeiten, Reinbek bei Hamburg 1992

Edward Russo und Paul Schoemaker: Managing Overconfidence, in: Sloane Management Review 33, Nr. 2, 1992, S. 7–17

Oliver Stengel: Vorsicht, Denkfehler! Wie man sie erkennt und vermeidet, Berlin 2005

Register

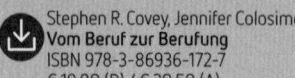

HERMANN SCHERER
SPEAKER + BUSINESS EXPERT

Hermann Scherer ist eine Persönlichkeit mit Charisma. Wer ihn erlebt hat, will ihn wieder sehen, weil er ein brillanter Redner ist und das, was er sagt, Substanz hat!

Mark Friedrich, »Die Schweizerische Post«

■ Über 2.000 Vorträge vor rund einer halben Million Menschen, 30 Bücher in 18 Sprachen, erfolgreiche Firmengründungen, Vorlesungen an mehreren europäischen Universitäten, eine anhaltende Beratertätigkeit und immer neue Ziele – das ist Hermann Scherer.

Er lebt in Zürich und ist in der Welt zu Hause, wo er mit seinen mitreißenden Auftritten Säle füllt.
Der Autor, Wissenschaftler und Business-Philosoph »zählt zu den Besten seines Faches« ***(Süddeutsche Zeitung)***.

Vorträge von Hermann Scherer

GLÜCKSKINDER / CHANCENINTELLIGENZ

Warum manche lebenslang Chancen suchen – und andere sie täglich nutzen

■ Chancenintelligenz bedeutet, den Blick für Chancen zu haben, sie zu erkennen, zu nutzen und sich Chancen aktiv zu erarbeiten. Dabei ist nicht jede »günstige Gelegenheit« eine echte Chance – viele stellen sich im Nachhinein als »Sonderangebote des Lebens« heraus. In immer enger werdenden und immer dichter besetzten Märkten ist Chancenintelligenz aus mehrfacher Sicht wichtig: Ein hoher »CQ« befähigt privat und beruflich sich immer neue Ideen einfallen zu lassen, sich neue Vorgehensweisen anzueignen, sich neuen Problemen zu stellen und sie zu lösen, neue Kunden zu gewinnen und neue Märkte zu erobern.

Hermann Scherer zeigt, wie man chancenintelligent wird. Das Vortragserlebnis reflektiert, denkt quer sowie voraus, polarisiert, stellt in Frage, provoziert, öffnet Augen und beantwortet die Frage: »Warum suchen manche lebenslang Chancen, während andere sie täglich nutzen? Ein Plädoyer für ein Leben vor dem Tod.

JENSEITS VOM MITTELMASS

Spielregeln für die Pole-Position in den Märkten von morgen

■ In der Zukunft reicht Qualität allein nicht aus, um im Verdrängungswettbewerb den Unternehmenserfolg zu sichern. Wer nicht auffällt, fällt weg. Qualität findet im Kundenkopf statt.

Was nützt es, gut zu sein, wenn niemand es weiß? Was nützt es besser zu sein, wenn andere sich besser verkaufen?

Es gibt zwei Möglichkeiten: differenzieren oder verlieren!

Nur mit der richtigen Positionierung und einem unwiderstehlichen Angebot lassen sich Aufmerksamkeit, Begehrlichkeit und Bekanntheitsgrad gewinnen. Denn nur Mutmacher sind Marktmacher. Mutiges Management für die Märkte von morgen!

■ **Die Vorträge** mit wertvollen Impulsen zum Aufstehen, Anfangen und Handeln sind eine ideale »Motivationsdosis«, um den Erfolg vom Zufall zu befreien. Für jeden Teilnehmer bieten sie Inspiration, Information und Motivation. Präsentiert in humorvoller, unterhaltsamer Weise, dynamisch und voller Esprit garantieren sie Begeisterung, Nachhaltigkeit und den Höhepunkt Ihrer Veranstaltung.

WIE WEIT GEHEN SIE HEUTE?

WAS HABEN SIE SICH HEUTE VORGESTELLT?

WIE GROSS KÖNNEN SIE DENKEN?

FÜR WAS HABEN SIE SICH HEUTE ENTSCHIEDEN?

KÖNNEN CHINESEN UND INDER NICHT MULTIPLIZIEREN?

WAREN SIE HEUTE GLÜCKLICH?

EINE BESONDERE CHANCE FÜR SIE!

WAS HABEN SIE HEUTE FÜR SICH SELBST GEMACHT?

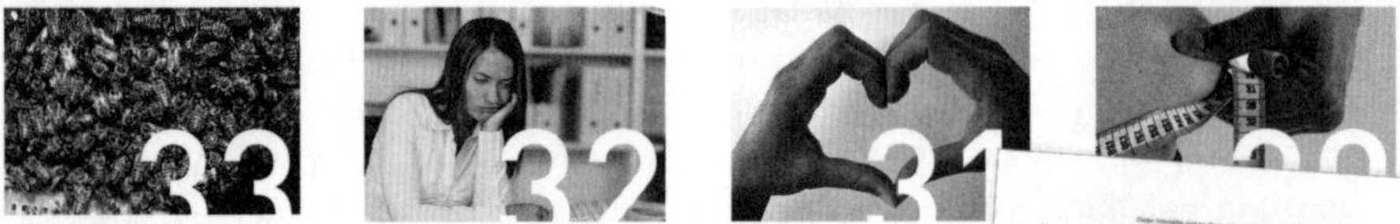

WIE EIGENSTÄNDIG SIND SIE?

WAS HABEN SIE HEUTE ANGESTREBT?

WOFÜR SIND SIE HEUTE DANKBAR?

CHANCENBLICK

Der Newsletter für Ihren persönlichen und unternehmerischen Erfolg

■ Möchten Sie regelmäßig wertvolle Praxistipps und aktuelle Informationen rund um die Themen »persönlicher Erfolg«, »Unternehmenserfolg« und »Chancenintelligenz« erhalten?
Gerne senden wir Ihnen unverbindlich und kostenlos den regelmäßigen Chancenblick zu.
Lassen Sie sich durch die inspirierenden Beiträge berühren, wachrütteln und begeistern! Hermann Scherer zeigt auf, wie man chancenintelligent wird.
Das heißt, wie man seine – sich täglich bietenden – Chancen erkennt und effizient nutzt.
Um den Chancenblick regelmäßig zu erhalten, senden Sie eine Mail mit dem Betreff »Letter« an:
info@hermannscherer.com
oder gehen Sie ins Internet unter
www.hermannscherer.com

Nutzen Sie Ihre Chancen für Ihren persönlichen und unternehmerischen Erfolg.

Hermann Scherer
Deutschland

Tel: +49(0)8161.78738.0
Fax: +49(0)8161.78738.24

info@hermannscherer.com
www.hermannscherer.com